Arbeit und Freizeit
Perspektiven der Sozialen Marktwirtschaft

Arbeit und Freizeit
Perspektiven der Sozialen Marktwirtschaft

Ein Symposion der
Ludwig-Erhard-Stiftung
am 28. März 1990

Arbeit und Freizeit
Perspektiven der Sozialen Marktwirtschaft

mit Beiträgen von
Leo Baumanns · Karl Hohmann · Hans Katzer
Renate Köcher · Fides Krause-Brewer
Dieter Murmann · Joachim Starbatty
und anderen

Redaktion:
Horst Friedrich Wünsche

Gustav Fischer Verlag
Stuttgart · New York · 1990

Ludwig-Erhard-Stiftung Bonn
Johanniterstraße 8, D-5300 Bonn 1

Band 29

CIP-Titelaufnahme der Deutschen Bibliothek

Arbeit und Freizeit: Perspektiven der Sozialen Marktwirtschaft; [ein Symposion der Ludwig-Erhard-Stiftung e.V. am 28. März 1990] / mit Beitr. von Leo Baumanns ... Red.: Horst Friedrich Wünsche. – Stuttgart; New York: G. Fischer, 1990
  (Ludwig-Erhard-Stifung Bonn; Bd. 29)
  ISBN 3-437-50339-1
NE: Baumanns, Leo; Ludwig-Erhard-Stiftung:
  Ludwig-Erhard-Stiftung Bonn

Gustav Fischer Verlag · Stuttgart · New York 1990
Wollgrasweg 49, D-7000 Stuttgart 70
Das Werk einschließlich aller seiner Teile ist urheberrechtlich geschützt. Jede Verwertung außerhalb der engen Grenzen des Urheberrechtsgesetzes ist ohne Zustimmung des Verlags unzulässig und strafbar. Das gilt insbesondere für Vervielfältigungen, Übersetzungen, Mikroverfilmungen und die Einspeicherung und Verarbeitung in elektronischen Systemen.
Satz: Fotosatz Froitzheim GmbH & Co KG, Bonn
Druck: Gulde-Druck GmbH, Tübingen
Printed in Germany

Inhaltsverzeichnis

Einführung
Karl Hohmann 1

Werte und Erwartungen:
Die Industriegesellschaft gestern, heute, morgen
Renate Köcher 7

Freizeit: Anbieten, organisieren, erleben?
Leo Baumanns 25

Weniger Arbeit – der falsche Weg
Joachim Starbatty 37

Arbeit und Freizeit in der Industriegesellschaft
Diskussion 53

Referenten und Diskussionsteilnehmer 83

Personenregister 85

Sachregister 87

Einführung

Karl Hohmann

Arbeit und Freizeit als Komplementärbegriffe
Lebensführung in der Sozialen Marktwirtschaft

Arbeit und Freizeit als Komplementärbegriffe

Manchem mag in einem Augenblick, in dem unsere Aufmerksamkeit durch Fragen, die die Schaffung der deutschen Einheit aufwirft und die uns alle so in Anspruch nehmen, das Thema dieses Symposions zweitrangig erscheinen. Aber das Gegenteil ist der Fall: Denn der Umfang von Arbeit und Freizeit und mehr noch die Qualität, die wir beiden zu geben vermögen, machen einen wesentlichen Teil unseres Lebens aus.

Im ursprünglichen Verständnis war Arbeit schwere körperliche Anstrengung, Mühsal, Plage. Heute neigen wir mehr dazu, unter Arbeit jede auf ein wirtschaftliches Ziel gerichtete, planmäßige Tätigkeit des Menschen zu verstehen, gleichgültig ob geistige oder körperliche Kräfte eingesetzt werden. Das Ziel kann reine Bedarfsdeckung oder Gewinn bzw. Einkommensmaximierung sein. In jedem Fall aber ist es ein rationales Verhalten, das von dem Grundphänomen der Knappheit der Güter und der Unbegrenztheit der Bedürfnisse ausgeht und so zum übergeordneten Begriff des Wirtschaftens überhaupt überleitet. Aber auch das Tätigsein des Geistes läßt sich unter den Begriff der Arbeit einordnen.

Doch mit dem Phänomen Arbeit als Produktionsfaktor neben Kapital, Boden und Umwelt wollen wir uns nur am Rande beschäftigen, auch wenn wir uns der Tatsache bewußt sind, daß Arbeit auch im Zeitalter der Kapitalintensität ein wichtiger wertschöpfender Faktor ist. Zentrales Problem unserer Erörterungen ist, wie der Faktor Arbeit so eingesetzt werden kann, daß das Sozialprodukt unserer Volkswirtschaft nicht nur maximiert, sondern unter geringstem Aufwand produziert werden kann. Die Verteilung der insgesamt zur Verfügung stehenden Zeit auf Arbeit und Freizeit ist dabei nur eine, allerdings eine wichtige Fragestellung unter mehreren. Arbeit und Freizeit sind Komplementärbegriffe. Beide haben ihren Wert in sich.

Oswald von Nell-Breuning hat sich in einem Interview aus Anlaß seines hundertsten Geburtstages auch mit dem Phänomen der Freizeit befaßt. Er sagte: „Ich möchte deutlich unterscheiden zwischen ‚Freizeit' als arbeitsrechtlichem Begriff und ‚freier Zeit'. Freizeit als arbeitsrechtlicher Begriff ist die Zeit, die der im Lohnverhältnis stehende Mensch als Zeit der Arbeitsruhe, des Schlafes, zur Wiederherstellung seiner in der Arbeit verbrauchten Kräfte braucht. Unter ‚freier Zeit' dagegen möchte ich die Zeit verstehen, die es dem Menschen, und zwar jedem Menschen, ermöglicht oder die er vielmehr dazu benötigt, um sozusagen ehrenamtlich in den vielfältigen Bereichen sowohl seines Familienlebens als auch im öffentlichen Leben im Dienste weltlicher und kirchlicher Aufgaben und Ziele sich angemessen zu betätigen und seine vielfältigen Pflichten zu erfüllen.

Damit verlagert sich der Schwerpunkt des menschlichen Lebens, den wir bisher in dem zu sehen gewohnt waren, was wir als seinen ‚Beruf', namentlich als ‚Ernährer' seiner Familie, bezeichneten. Diese Schwerpunktverlagerung ist eine ungeheure Bereicherung des Lebens. Sie vollzieht sich heute unvermeidlich, sie müßte aber noch gründlicher durchdacht werden. Daran fehlt es leider noch allzusehr."

Wenn unser Symposion zur Klärung dieser Fragen etwas beitragen könnte, würden wir sicherlich im Sinne von *Nell-Breuning* handeln, aber auch unseren selbstgesetzten Zielen näherkommen.

Professor *Baumanns* von der Deutschen Gesellschaft zur Förderung der Freizeitwissenschaften hat dieses Symposion zu Recht ein Symposion der Nachdenklichkeit genannt. Nachdenklichkeit wird dem Thema am ehesten gerecht. Dabei werden wir jedoch die vielfältigen Verschränkungen von Arbeit und Freizeit im Auge behalten müssen.

Wie wahr ist doch die Feststellung von *Josef Pieper* (Münster), daß organisierte Freizeit eine noch viel anstrengendere Form der Arbeit sein könne. Muße sei schließlich nicht zu fassen mit den Zuordnungskategorien der totalen Arbeitsgesellschaft wie Aktivität, Mühe, Plackerei oder der sozialen Funktion der Arbeit. Als Tätigkeiten, die in sich selbst sinnvoll seien, nannte *Pieper* musisches und künstlerisches Tun, aber auch Kontemplation und Gebet.

Nachdenklichkeit lenkt uns zu vielfältigen Zusammenhängen und Bezügen von Arbeit und Freizeit. Aber über solchen Kontemplationen wollen wir die Frage nach den objektiven Anforderungen der Wirtschaft nicht vernachlässigen und die empirisch erforschten Erwartungen der Gesellschaft kennenlernen.

Lebensführung in der Sozialen Marktwirtschaft

Daß Freizeit das Ergebnis wirtschaftlicher Leistungsfähigkeit ist – und dies sowohl in bezug auf ihr Volumen als auch hinsichtlich des Einkommens, das für die bewußte Gestaltung der Freizeit eingesetzt werden kann –, zeigt erneut den engen Zusammenhang zwischen Sozialer Marktwirtschaft und freier Zeit im Sinne von *Nell-Breuning*.

Für *Ludwig Erhard* gehörte Freizeit im weiteren Sinne zum Leistungsvermögen unserer Volkswirtschaft, zu einer Teilkategorie von Wohlstand. In einem Brief an seinen Lehrer *Wilhelm Vershofen* schrieb er 1957: „Der Sinn von ‚mehr Wohlstand', wie ich ihn verstehe, ist der, dem einzelnen reichere, bessere und freiere Lebensmöglichkeiten und damit überhaupt neue Perspektiven der Lebensführung zu eröffnen. Alles, was auf dem Gebiete der Erziehung, der Schulung, der Bildung an mehr gewonnen werden kann, was durch Wissen und Erkenntnis uns zu bereichern vermag, was uns für Werte und Werke der Kunst, der Kultur und des Geistes aufgeschlossen sein läßt, was an echter Muße und Erholung uns zu innerer Ausgewogenheit verhelfen kann – das alles gehört in die weitgespannte Skala menschlicher Bedarfsdeckung, und es gehört in eine wirtschaftliche Betrachtung dazu, weil uns das alles ja auch nicht geschenkt wird, sondern erarbeitet werden muß."

Vor einer „freien Zeit", die so gestaltet werden kann, wie es *Erhard* vorschwebte, steht Anstrengung, steht Arbeit. Es sind also nicht nur die Anforderungen der wirtschaftlichen Leistungsfähigkeit, die uns nahelegen, den Weg der permanenten Arbeitszeitverkürzung mit größter Zurückhaltung zu betrachten und statt dessen mehr an Lohnerhöhungen zu denken, es ist der Gehalt der Freizeit selbst, der auf diese Weise verbessert werden kann.

Vor diesem Hintergrund kann es nicht verwundern, daß *Ludwig Erhard* in seiner zweiten Regierungserklärung als Bundeskanzler 1965 forderte, das deutsche Volk sollte sich nicht weiterhin Überlegungen nach Verkürzung der Arbeitszeit hingeben, sondern sich ernsthaft der Frage stellen, „ob es ihm nicht besser anstünde und ob es in seiner Lage nicht zweckmäßiger und sinnvoller wäre, die tariflich vereinbarte wöchentliche Arbeitszeit um eine Stunde zu erhöhen".

Heute, fast fünfundzwanzig Jahre nach dieser Erklärung, hat die Frage nach den Wirkungen einer Realisierung dieser Forderung mehr als theoretischen Charakter. Sie richtet sich an den gesunden Menschenverstand, der immer wieder der Gefahr ausgesetzt war und ist, auch im Blick auf Arbeit und Freizeit zu kurz zu kommen.

Werte und Erwartungen:
Die Industriegesellschaft gestern, heute, morgen

Renate Köcher

Arbeit als Last – Freizeit als Lust?
Wachsende Arbeitszufriedenheit
Tendenzen im Freizeitverhalten
Parallelität von Berufs- und Freizeitinteressen
Bildungsideale und berufliche Erwartungen

Arbeit als Last – Freizeit als Lust?

In der gesellschaftlichen Diskussion erscheint das Verhältnis von Arbeit und Freizeit als rein quantitaves Verteilungsproblem in einer komplizierten ökonomischen Rechnung mit vielen Unbekannten: Wieviel Freizeit ist möglich, wieviel Arbeit notwendig, ohne die internationale Wettbewerbssituation zu beeinträchtigen? Die Antworten differieren, aber – und das ist in diesem Zusammenhang wesentlich interessanter – auch die Gründe, die für und gegen eine weitere Verkürzung der Arbeitszeit angeführt werden.

Die Verfechter von weniger Arbeit argumentieren mit den Interessen der Menschen, die Verteidiger der Arbeit mit den Interessen der Wirtschaft. Wie ein Leitmotiv durchziehen die Auseinandersetzungen die Überzeugungen: Möglichst viel Arbeit nutzt der Wirtschaft, möglichst viel Freizeit den Menschen; ein Menschenleben gewinnt an Qualität, wenn die Arbeit zurückgedrängt, die Freizeit verlängert wird.

Die Prämissen dieser Wertungen werden eigentümlicherweise nicht diskutiert. Sie sind von einem Begriff von Arbeit bestimmt, der Mühsal, Fremdbestimmung, Normierung, Zielverwirklichung, Streß und Zwänge bedeutet und dem ein Begriff von Freizeit entgegengesetzt wird, der Freude, Selbstbestimmung, Invidualität, Selbstverwirklichung, Zeitautonomie, Entspannung und Entfaltung von Fähigkeiten beinhaltet. Arbeit gilt als Sphäre der Unfreiheit und Unlust, Freizeit als Bereich der Freiheit und Freude.

Dieses Verständnis von Arbeit als Vertreibung aus dem Paradies hat eine lange Tradition. Es ist erstaunlich, wie wenig empirische Untersuchungen, die mit diesen Vorstellungen konfligieren, zur Kenntnis genommen werden und die überkommenen Argumentationsmuster auflösen. Die tatsächliche Bedeutung von Arbeit und Freizeit, ihr Beitrag zur subjektiv empfundenen Lebensqualität der heutigen Arbeitnehmer spielen in der aktuellen Kontroverse keine Rolle, so wenig wie die Frage, wie sich die Beziehung von Arbeit und Freizeit verändert, wenn sich die Realität der Arbeitswelt dermaßen wandelt, wie das in diesem Jahrhundert, besonders in seiner zweiten Hälfte, geschehen ist. Das Verhältnis von Arbeit und Freizeit verändert sich, wenn durch Rationalisierung zunehmend bestimmte Arbeiten automatisiert werden, wenn sich die Führungsstile in den Betrieben wandeln, wenn das Bewußtsein für die Abhängigkeit eines Unternehmens von qualifizierten und motivierten Mitarbeitern wächst, wenn die Rechte der Arbeitnehmer ausgebaut werden und wenn Arbeit immer weniger als Mittel zur bloßen Existenzsicherung und zunehmend als Weg zur persönlichen Entfaltung gesehen wird.

Die Trendreihen des Allensbacher Archivs, die die Entwicklung der Einstellungen zu Arbeit und Freizeit seit den fünfziger Jahren nachzeichnen, zeigen die Gesellschaft nicht auf einer Einbahnstraße in die Freizeitgesellschaft, die die Arbeit an den Rand drängt und nur noch als Hindernis auf dem Weg zu einer erfüllten Freizeit begreift. Zwar schien es in den siebziger und noch in den frühen achtziger Jahren so, als ob sich die Freizeitorientierung kontinuierlich zu Lasten der Arbeitsmotivation verstärkte. Heute ist zu erkennen, daß der Verlust an Arbeitsfreude, der vor allem die siebziger Jahre kennzeichnete, auf eine ideologische Zeitströmung zurückging, die von Beginn der achtziger Jahre an langsam zurückgedrängt wurde.

Der Anteil der Bevölkerung, der glaubt, sich nur in der Freizeit entfalten zu können, macht eine Minderheit aus. Der Anteil der Arbeitnehmer, die sich ein Leben ohne Arbeit wünschen, ist seit 1982 nur geringfügig angestiegen, von 16 auf 22 Prozent.

In den siebziger Jahren gewann die Vision eines von Arbeit befreiten Lebens besonders auf die junge Generation an Anziehungskraft. 1980 wünschten sich immerhin 35 Prozent der unter dreißig Jahre alten Arbeitnehmer ein Leben ohne Arbeit. Auch und gerade in der jungen Generation schlägt das Pendel seitdem jedoch zurück *(Tabelle 1).*

Zu einer Phase lautloser, aber machtvoller Demonstration für die Arbeit hat sich die weibliche Bevölkerung formiert[1]. Die Berufsorientierung und Berufstätigkeit von Frauen ist in den letzten Jahrzehnten kontinuierlich angestiegen. 1960 waren etwa fünfzig Prozent der unter sechzig Jahre alten weiblichen Bevölkerung berufstätig, heute sind es etwa 59 Prozent. Die Zeitspanne, in der Frauen zugunsten der Familie aus dem Beruf ausscheiden, hat sich ständig verkürzt. Wer diese Entwicklung

---

[1] Vgl. dazu unter anderem: Die Situation der Frau in Baden-Württemberg. Eine Repräsentativuntersuchung unter Frauen, ihren Partnern und Kindern über die Situation der Frau im Spannungsfeld von Beruf und Familie, im Auftrag des Ministeriums für Arbeit, Gesundheit und Sozialordnung Baden-Württemberg, Stuttgart 1983; *Renate Köcher,* Ehe und Familie. Einstellungen zu Ehe und Familie im Wandel der Zeit. Eine Repräsentativuntersuchung im Auftrag des Ministeriums für Arbeit, Gesundheit, Familie und Sozialordnung Baden-Württemberg, Stuttgart 1985; *Elisabeth Noelle-Neumann/ Edgar Piel* (Hg.), Eine Generation später. Bundesrepublik Deutschland 1953–1979, München/New York/London/Paris 1983.

allein auf materielle Gründe zurückführt, ignoriert die Motive, die Frauen selbst für ihre Berufstätigkeit nennen, vor allem die Berufszufriedenheit von Frauen, die mit der beruflichen Qualifikation kontinuierlich zugenommen hat.

Ein arbeitsfreies Leben?

FRAGE: „Glauben Sie, es wäre am schönsten zu leben, ohne arbeiten zu müssen?"

Unter-30jährige Arbeitnehmer

	1952 %	1972 %	1980 %	1990 %
Ja	17	36	35	24
Nein	75	56	50	62
Unentschieden	8	8	15	14

Quelle: Allensbacher Archiv, IfD-Umfragen 055, 2082, 3080, 5031
Tabelle 1

Wachsende Arbeitszufriedenheit

Nur eine verschwindende Minderheit der Berufstätigen erlebt den Beruf überwiegend negativ, als Belastung und Frustration. Jeder zweite Berufstätige bewertet den eigenen Beruf uneingeschränkt positiv: 49 Prozent befriedigt der eigene Beruf voll und ganz, 43 Prozent zumindest teilweise und nur acht Prozent überhaupt nicht[2].

Die Zufriedenheit mit den äußeren Arbeitsbedingungen ist in den letzten Jahrzehnten beträchtlich gestiegen. Das Betriebsklima, der Führungsstil der Vorgesetzten, der eigene Entscheidungsspielraum, die Attraktivität der Tätigkeit, die Sozialleistungen und die Ausstattung des Arbeitsplatzes wurden in der zweiten Hälfte der achtziger Jahre wesentlich günstiger beurteilt als in den sechziger und siebziger Jahren. Nur die Verdienstmöglichkeiten werden heute eher krtischer beurteilt als am Beginn der sechziger Jahre, trotz des objektiv hohen Anstiegs der Gehälter.

Der oft geäußerte Verdacht, daß Belastungen und Monotonie zunehmen, bestätigt sich für die Mehrheit der Berufstätigen nicht, im Gegenteil: Die Qualität der Arbeit hat sich nach dem Empfinden vieler verbessert. 1960 empfanden nur 34 Prozent der Berufstätigen ihre Arbeit als interessant, in der zweiten Hälfte der achtziger Jahre 58 Prozent. Das Betriebsklima beurteilten 1960 53 Prozent der Berufstätigen positiv, in der zweiten Hälfte der achtziger Jahre 76 Prozent. Der Anteil der Berufstätigen, die am Arbeitsplatz selbständig arbeiten und zumindest begrenzt autonom Entscheidungen treffen können, ist im selben Zeitraum von 48 auf 69 Prozent angestiegen. Auf der anderen Seite hat der Anteil derjenigen, die die eigene Arbeit als besonders belastend empfinden, nur geringfügig zugenommen. Insgesamt sind die negativen Aussagen über den eigenen Arbeitsplatz auf niedrigem Niveau stabil, während die positiven Urteile in der Summe beträchtlich zugenommen haben *(Tabelle 2)*.

Die Optionen in der Freizeit sind zahlreicher geworden, durch ein größeres Freizeitangebot und den größeren zeitlichen und materiellen Spielraum der Bevölkerung. Parallel ist jedoch auch der Arbeitsbereich attraktiver geworden und bietet mehr Chancen für Erfahrungen und Entfaltung. Ein Vergleich der Gratifikationen von Arbeit und Freizeit geht keineswegs zwangsläufig zugunsten der Freizeit aus. So wird die Chance, die eigenen Fähigkeiten und Neigungen zu entfalten, mehr dem Beruf als der Freizeit zugeschrieben. Nur 25 Prozent der Bevölkerung schätzen die Freizeit besonders, weil sie die Möglichkeit bietet, eigene Begabungspotentiale zu entdecken und zu entwickeln. In der

---

[2] Vgl. Allensbacher Archiv, IfD-Umfrage 5023, August 1989. Basis: Berufstätige Arbeitnehmer im Bundesgebiet mit West-Berlin.

Berufszufriedenheit

FRAGE: „Alle Berufe haben ja Vorteile und Nachteile. Wenn Sie nun an Ihre Arbeit denken: was trifft auf Ihre Arbeit zu? Suchen Sie bitte alles heraus, was für Sie zutrifft!" (Vorlage eines Kartenspiels)

Berufstätige Arbeitnehmer

	1960 %	1973 %	1986 %
Vorteile			
Fühle mich im Betrieb wohl, komme gut mit den Kollegen aus	53	69	76
Kann selbständig arbeiten, man traut mir etwas zu	48	66	69
Interessant, es gibt immer wieder etwas Neues	34	50	58
Guter Vorgesetzter, guter Chef, komme gut mit ihm aus	44	52	53
Gut eingerichteter Arbeitsplatz, modern, sauber	26	39	43
Viele Sozialleistungen, der Betrieb tut was für seine Leute	21	28	33
Kann dort ganz schön verdienen	33	37	31
	259	341	363
Nachteile			
Zu wenig frische Luft, schlechte Luft	30	31	30
Man muß zuviel stehen, zuviel herumlaufen	26	28	28
Zuviel zu tun, zuviel Gehetze	27	30	26
Körperlich sehr anstrengend	26	21	21
Man kommt nicht vorwärts, keine Aussichten	21	22	19
Nervenaufreibend, geistig sehr anstrengend, seelisch belastend	14	19	18
Unbequeme, verkrampfte Körperhaltung	13	17	18
Es gibt zu viele Radfahrer	23	20	18
Zuviel Staub, Schmutz	25	20	16
Nicht abwechslungsreich, immer dasselbe	25	24	15
Zuviel Verantwortung; wenn etwas schiefgeht, bin ich schuld	14	19	15
Gefährliche Arbeit, Unfallgefahr	15	15	15
Zu großer Lärm, zu laut	20	19	12
Zu sehr Wind und Wetter ausgesetzt	15	12	9
	294	297	257

Tabelle 2

Beziehung zur Arbeit sind dies zentrale Punkte: Gefordert zu werden, Tätigkeiten auszuüben, die den eigenen Neigungen und Fähigkeiten entsprechen, Neues zu lernen. Nur auf den ersten Blick kann überraschen, daß die Bevölkerung eher von der beruflichen Tätigkeit als von der Freizeit die Chance erwartet, die eigenen Neigungen und Fähigkeiten zu entfalten: Die konsequente Nutzung von Begabungen, die Förderung und Weiterentwicklung des einzelnen erbringt die Wirtschaft im eigenen Interesse und fördert sie mit den Möglichkeiten, die ihr zur Verfügung stehen. In der Freizeit ist der einzelne auf sich gestellt, auf seinen Willen, seine Konsequenz, seine Disziplin und seine begrenzten Möglichkeiten; die konsequente Entfaltung eigener Interessen und Begabungen erfordert Willenskraft, Disziplin und einen langen Atem, die auf sich allein gestellt nur ein Teil der Bevölkerung aufbringt.

Tendenzen im Freizeitverhalten

Die Zunahme der Freizeit hat in Verbindung mit dem gestiegenen Abwechslungsbedürfnis ein Freizeitverhalten verstärkt, das auf den leichten Wechsel von Hobbies und Erfahrungen programmiert ist. Der Anteil der Bevölkerung, der in der Freizeit zu langfristigen Bindungen bereit ist, sinkt, eine Entwicklung, die unter anderem die Vereine und Parteien spüren: Es ist relativ einfach, Unterstützung für kurzfristige Aktionen und Pläne zu gewinnen, schwer dagegen, zu einer dauerhaften konsequenten Mitwirkung zu motivieren.

Nicht nur die Qualität der Arbeit, auch die Qualität der Freizeit wird in den holzschnittartigen Verteilungsdebatten erstaunlich wenig ausgeleuchtet. Eine erfüllte Freizeit ist nicht selbstverständlich. Mit dem Ausbau der freien Zeit haben auch Erfahrungen mit Langeweile in der Bevölkerung kontinuierlich zugenommen. 1958 kannten nur 23 Prozent der Bevölkerung das Erlebnis von Leere und Unlust an freien Tagen, zwanzig Jahre später 35 Prozent, heute 41 Prozent *(Tabelle 3)*.

In den siebziger Jahren schien es so, als ob die Arbeit in der Konkurrenz mit einer attraktiveren Freizeit unaufhaltsam zurückfiele und die Bevölkerung immer weniger reizte und motivierte. Der Anteil der berufstätigen Arbeitnehmer, die die Freizeit angenehmer erlebten als die Arbeitsstunden, stieg zwischen 1962 und 1976 von 33 auf 49 Prozent; der Anteil, der die Stunden der Arbeit wie der Freizeit schätzte oder sogar die Arbeitsstunden vorzog, ging von 58 auf 46 Prozent zurück. In den achtziger Jahren setzte eine Gegenbewegung ein; heute sind die berufstätigen Arbeitnehmer, die Arbeits- wie Freizeitstunden schätzen oder sogar der Arbeit den Vorzug geben, wieder in der relativen Mehrheit, mit Ausnahme der jungen Generation.

	1958 %	1979 %	1981 %	1983 %	1988 %
Langeweile in der Freizeit					
Es kennen das Gefühl der Langeweile an Sonn- und Feiertagen	23	35	36	38	41
Es kennen dieses Gefühl nicht	77	65	64	62	59

Quelle: Allensbacher Archiv, IfD-Umfragen 1015, 3064, 3098, 4693, 5007
Tabelle 3

Allerdings scheint sich kontinuierlich eine Haltung dürrer Pflichterfüllung auszubreiten. Seit dem Ende der sechziger Jahre nahm kontinuierlich die Einstellung zu: „Ich tue bei meiner Arbeit das, was von mir verlangt wird, da kann mir niemand etwas vorwerfen. Aber daß ich mich darüber hinaus noch besonders anstrengen soll, sehe ich nicht ein. So wichtig ist mir der Beruf nun auch wieder nicht". 1967 vertraten 33 Prozent der Berufstätigen diese Auffassung, 1988 schon 41 Prozent. Die Bereitschaft, für den Beruf Opfer zu bringen, nahm kontinuierlich ab. 1967 beschrieben noch 54 Prozent der Berufstätigen ihre Haltung zum Beruf mit dem Satz: „Ich setze mich in meinem Beruf ganz ein und tue oft mehr, als von mir verlangt wird. Der Beruf ist mir so wichtig, daß ich ihm vieles opfere". 1982 vertraten nur noch 42 Prozent der Berufstätigen diese Auffassung, 1988 36 Prozent *(Tabelle 4)*. Generell ist Opferbereitschaft keine moderne Tugend mehr.

Unter bestimmten Prämissen tendiert die Bevölkerung allerdings klar dazu, bei Konflikten zwischen Arbeitsbereich und privaten Interessen

Opferbereitschaft für den Beruf

FRAGE: „Hier unterhalten sich zwei über ihren Beruf. Welche(r) von den beiden sagt das, was auch Sie darüber denken?" (Vorlage eines Bildblatts)

Berufstätige

	1967 %	1982 %	1988 %
„Ich setze mich in meinem Beruf ganz ein und tue oft mehr, als von mir verlangt wird. Der Beruf ist mir so wichtig, daß ich ihm vieles opfere."	54	42	36
„Ich tue bei meiner Arbeit das, was von mir verlangt wird, da kann mir niemand etwas vorwerfen. Aber daß ich mich darüber hinaus noch besonders anstrengen soll, sehe ich nicht ein. So wichtig ist mir der Beruf nun auch wieder nicht."	33	41	41
Unentschieden	13	17	23

Quelle: Allensbacher Archiv, IfD-Umfragen 2029, 2223, 5001
Tabelle 4

dem Beruf Vorrang einzuräumen. Im folgenden Fall entschied sich die Bevölkerung sehr klar: „Ein junger Mann hat einen Beruf, der ihm großen Spaß macht, für den er aber auch öfter mal Überstunden machen muß. Seine Frau möchte aber, daß er sich eine andere Arbeit sucht, die ihm mehr Zeit für das gemeinsame Privatleben läßt. Was würden Sie raten: Daß er im Beruf seiner Frau zuliebe zurückstecken soll, oder sollte er das nicht tun?" Nur 25 Prozent der Bevölkerung plädierten für ein berufliches Zurückstecken. Der umgekehrte Fall – die Frau ist engagiert

Berufskarriere oder Familienglück

FRAGE: „Ein junger Mann hat einen Beruf, der ihm großen Spaß macht, für den er aber auch öfter mal Überstunden machen muß. Seine Frau möchte aber, daß er sich eine andere Arbeit sucht, die ihm mehr Zeit für das gemeinsame Privatleben läßt. Was würden Sie dem jungen Mann raten: Daß er im Beruf seiner Frau zuliebe zurückstecken soll, oder sollte er das nicht tun?"

	Bevölkerung insgesamt	Männer	Frauen	16 bis 29jährige	
				Männer	Frauen
	%	%	%	%	%
Im Beruf zurückstecken!	25	22	27	28	27
Nicht zurückstecken!	58	61	55	53	54
Unentschieden	17	17	18	19	19

FRAGE: „Eine junge Frau hat einen Beruf, der ihr großen Spaß macht, für den sie aber auch öfter mal Überstunden machen muß. Ihr Mann möchte aber, daß sie sich eine andere Arbeit sucht, die ihr mehr Zeit für das gemeinsame Privatleben läßt. Was würden Sie der jungen Frau raten: Daß sie im Beruf ihrem Mann zuliebe zurückstecken soll, oder sollte sie das nicht tun?"

	Bevölkerung insgesamt	Männer	Frauen	16 bis 29jährige	
				Männer	Frauen
	%	%	%	%	%
Im Beruf zurückstecken!	38	45	32	33	8
Nicht zurückstecken!	45	37	52	48	81
Unentschieden	17	18	16	19	11

Quelle: Allensbacher Archiv, IfD-Umfragen 5007
Tabelle 5

berufstätig, ihr Partner fordert ein Zurückstecken – trifft auf ein wesentlich ambivalenteres Stimmungsbild, wird aber mit relativer Mehrheit ebenfalls zugunsten des Berufs entschieden; Männer und Frauen trennen sich allerdings an diesem Fall; junge Frauen plädieren vehement gegen, Männer mit relativer Mehrheit für ein berufliches Zurückstecken von Frauen *(Tabelle 5)*.

Dieses Fallbeispiel stellt eine wichtige Prämisse voran: Der Beruf erfüllt, macht Spaß. Dies ist ein entscheidendes Kriterium für die Bewertung von Arbeit und die Beziehung von Arbeit und Freizeit. Arbeit wird immer weniger als Mittel zur Existenzsicherung gesehen, sondern als Mittel zur Entfaltung von Neigungen und Fähigkeiten, als Kommunikationsort, als Quelle von Selbstbestätigung und Selbstwertgefühl. Dieses Verständnis von Arbeit trägt übrigens auch dazu bei, daß sich die Bekämpfung der Arbeitslosigkeit heute weitaus schwieriger gestaltet als früher. Eine Befragung von Arbeitslosen in der zweiten Hälfte der achtziger Jahre zeigte eine hohe Bereitschaft, zugunsten eines neuen Arbeitsplatzes umzulernen, das Berufsfeld zu wechseln; weitaus geringer war die Bereitschaft, zugunsten eines neuen Arbeitsplatzes einen Wohnortwechsel in Kauf zu nehmen; am geringsten jedoch war die Bereitschaft, einen Arbeitsplatz zu akzeptieren, „der keinen Spaß macht". Nur 27 Prozent der Arbeitslosen waren dazu bereit[3] *(Tabelle 6)*.

Die Rufe nach staatlichen Programmen zur quantitativen Vermehrung von Arbeitsplätzen gehen an diesem entscheidenden Punkt vorbei. Die mittlerweile zahlreichen offenen Stellen, der wachsende Anteil an Betrieben, denen trotz hoher Arbeitslosigkeit Arbeitskräfte fehlen, machen offensichtlich, wie wenig von staatlichen Beschäftigungsprogrammen ein Rückgang der Arbeitslosigkeit zu erwarten wäre. Angebot und Nachfrage stimmen auf dem Arbeitsmarkt nicht überein oder kommen aufgrund der gesunkenen Mobilitätsbereitschaft nicht zusammen. Die Bereitschaft, einen Arbeitsplatz anzunehmen, hängt heute nicht mehr ausschließlich davon ab, daß ein Arbeitsplatz angeboten wird.

---

3 *Elisabeth Noelle-Neumann/Peter Gillies*, Arbeitslos. Report aus einer Tabuzone, Frankfurt/Berlin 1987.

Berufliche Mobilität der Arbeitslosen	
Es waren bereit, zugunsten eines neuen Arbeitsplatzes in Kauf zu nehmen:	
	%
Einen zeitlich befristeten Arbeitsvertrag	68
Eine Arbeit in einem anderen Beruf	68
Eine Arbeit, für die eine Umschulung notwendig ist	62
Einen Beruf, der bei den Leuten weniger gilt	48
Eine Arbeit, die unter dem fachlichen Können liegt	45
Eine Arbeit, die nicht der beruflichen Stellung entspricht	45
Weniger Verdienst	43
Einen Umzug an einen weiter entfernten Ort	32
Die Woche über Abwesenheit von zu Hause	32
Eine Arbeit, die keinen keinen Spaß macht	27

Elisabeth Noelle-Neumann/Peter Gillies, Arbeitslos. Report aus einer Tabuzone. Frankfurt, Berlin: Ullstein 1987.
Tabelle 6

Parallelität von Berufs- und Freizeitinteressen

Das Problem der sogenannten Freizeitgesellschaft ist weniger, daß die Arbeit an den Rand gedrängt und nur als negative Gegenwelt zu einer erfüllten Freizeit erlebt wird, sondern daß der Arbeitsbereich in hohem Maße mit den gleichen Erwartungen wie die Freizeit konfrontiert wird. Die Erwartungen an Arbeit und Freizeit stimmen in weiten Bereichen auffallend überein: Mit netten Kollegen beziehungsweise Freunden zusammensein, viele Kommunikationsmöglichkeiten und Kontaktchancen, Abwechslungsreichtum, großen Freiheitsspielraum haben, Initiative entwickeln können, viel erleben. Zu diesen Erwartungen treten im Arbeitsbereich die Wünsche, gefordert zu werden, sowie nach einem sicheren Arbeitsplatz und hohem Gehalt; in der Freizeit ist der Wunsch dominierend, viel in der Natur zu sein. Der Wunsch, etwas für das Gemeinwohl zu leisten, spielt heute in beiden Bereichen nur eine untergeordnete Rolle.

Die in weiten Teilen übereinstimmenden Erwartungen an Arbeit und Freizeit zeigen ebenfalls, wie wenig Denkmodelle, die beide Bereiche als Pole und Gegenwelten sehen, die Realität treffen. Arbeit und Freizeit sind auf vielfältige Weise miteinander verschränkt. Der individuelle Umgang mit Arbeit und Freizeit zeigt auffällige Parallelen. Der Arbeitsmensch, der mit seiner Freizeit nichts anzufangen weiß, der Freizeitmensch, der nur in der Freizeit auflebt, aber am Arbeitsplatz demotiviert und unproduktiv ist, sind der theoretische Idealtyp. Die Trennlinien verlaufen in erster Linie zwischen aktiven und passiven Menschen, zwischen Interessierten und Desinteressierten, weniger zwischen Arbeits- und Freizeitaktiven. Die Persönlichkeit eines Menschen prägt seine Beziehung zur Arbeit wie zur Freizeit und umgekehrt: Arbeit wie Freizeit beeinflussen die Persönlichkeit des Menschen. Wir denken in falschen Gegensätzen, wenn wir immer wieder der Familien- die Berufsorientierung gegenüberstellen. In der empirischen Überprüfung wird sichtbar, daß eine überdurchschnittliche Identifikation mit dem Beruf mit einer überdurchschnittlichen Identifikation mit der eigenen Familie zusammenhängt – völlig gegen die verbreiteten Vorstellungen[4].

Arbeit und Freizeit wirken auf denselben Menschen und tragen zu einer positiven oder negativen Gesamtbilanz bei. Positive Erfahrungen in einem Bereich strahlen auf den anderen aus; Defizite in einem Bereich kommen dem anderen Bereich nicht zugute und können oft auch nicht durch den anderen Bereich kompensiert werden. Defizite im beruflichen Bereich schlagen auf die Freizeit durch; eine sinnentleerte Freizeit umgekehrt auf die berufliche Sphäre. Arbeitsfreude ist eine Facette von Lebensqualität. Die generelle Lebenszufriedenheit hängt außerordentlich eng mit der beruflichen Zufriedenheit zusammen. Berufstätige, die ihre Arbeit voll und ganz befriedigt, sind zu 76 Prozent mit ihrem gesamten Leben zufrieden; von denjenigen, die ihre Arbeit nur teilweise befriedigt, sind es 52 Prozent; und von denen, die mit ihrer Arbeit überhaupt nicht zufrieden sind, nur 26 Prozent *(Tabelle 7)*.

---
4 *Renate Köcher*, Ehe und Familie, a.a.O.

Zufriedenheit durch Arbeit				
Berufstätige, die mit ihrer Arbeit...				
		voll und ganz	zum Teil	überhaupt nicht
...zufrieden sind, sind mit ihrem Leben	%	%	%	%
zufrieden	59	76	52	26
unzufrieden	36	18	42	72

Tabelle 7

Bildungsideale und berufliche Erwartungen

Die Arbeitsfreude hängt unter anderem wesentlich davon ab, wieweit die Arbeit den Neigungen und Fähigkeiten entspricht. In diesem Zusammenhang müssen das Bildungsideal und Ausbildungsmaximen kritisch überprüft werden, die nicht die individuellen Fähigkeiten und Neigungen zum wesentlichen Kriterium machen, sondern die Hierarchie der Ausbildungsgänge und Berufe. Es gilt vielfach als selbstverständlich, daß der höchstmögliche Bildungsabschluß angestrebt und wenn möglich eine akademische, aber nicht die individuell passende Ausbildung absolviert wird.

Der Trend zu höheren Bildungsabschlüssen ist ungebrochen. 1970 betrug die Zahl der Abiturienten 91 500, 1990 voraussichtlich 239 500. Zwar ist in Trendanalysen eine gewisse Ernüchterung gegenüber höheren Bildungsabschlüssen zu verzeichnen. Ende der sechziger Jahre plädierten noch 72 Prozent der Bevölkerung dafür, Kinder unbedingt auf die höhere Schule zu schicken, heute sind es nur noch 57 Prozent. Auch der Wert eines Hochschulstudiums wird von der Bevölkerung heute skeptischer beurteilt als noch Ende der sechziger Jahre, auf dem Höhepunkt der Bildungseuphorie. Nur 22 Prozent der Bevölkerung halten ein

Hochschulstudium für den besten Garanten des beruflichen Erfolgs, während 64 Prozent davon ausgehen, daß eine solide berufliche Ausbildung und praktische Erfahrung bessere Voraussetzungen für den Beruf schaffen als ein Hochschulstudium. Die verschiedenen Bildungsschichten sind sich in dieser Frage völlig einig. Entsprechend plädiert die Mehrheit der Bevölkerung dafür, nach dem Abitur eine Lehre zu absolvieren und nicht unmittelbar ein Studium anzuschließen. Trotz dieses Einstellungswandels wird für die eigenen Kinder jedoch unvermindert, wenn nur irgend möglich, zumindest die höhere Schulbildung, oft auch ein Studium angestrebt.

Die Bevölkerung hat sehr klare Vorstellungen von der gesellschaftlichen Wertschätzung für verschiedene Berufe. In dieser Hierarchie stehen Akademikerberufe einsam an der Spitze, handwerkliche Berufe sind dagegen weit abgeschlagen. Die Veränderung der Wirtschafts- und Bildungsstruktur hat zu einer Abwertung handwerklicher Fähigkeiten und Tätigkeiten geführt. Daraus ergibt sich zwangsläufig der anhaltende Trend zu den Hochschulen mit der Nebenfolge, daß heute viele, die hervorragende Facharbeiter und Handwerker geworden wären, schlechte oder auch arbeitslose Akademiker werden.

Die unterschiedliche Bewertung von Büro- und handwerklichen Berufen bringt viele um den Beruf, der ihren Fähigkeiten und Neigungen eigentlich am ehesten entspräche. Dazu kommt, daß der wachsende Anteil an Absolventen der höheren Bildungsabschlüsse dazu führt, daß bei Ausbildungsgängen mehr und mehr auf eine Auslese verzichtet wird und der formale Bildungsabschluß an Aussagekraft verliert. Die Erwartungen an die eigenen beruflichen Chancen orientieren sich jedoch in hohem Maße an dem formal erreichten Bildungsabschluß, auch wenn die Fähigkeiten objektiv den gestellten hohen Anforderungen nicht genügen. Die Betriebe werden künftig zunehmend mit formal hochqualifizierten Mitarbeitern konfrontiert sein, die aufgrund ihrer Fähigkeiten nicht in Spitzenpositionen eingesetzt werden können, aber ihre Erwartungen an Spitzenpositionen ausrichten. Der Trend zu höheren Bildungsabschlüssen birgt damit auch die Gefahr, daß in Zukunft vermehrt Unzufriedenheit entsteht durch den Eindruck, nicht der eigenen Qualifikation entsprechend eingesetzt zu werden.

Notwendig wäre heute eine Abkehr von überzogenen und falschen Bildungszielen; wünschenswert ist nicht, daß möglichst viele die höheren Schulen und Universitäten besuchen, sondern daß möglichst viele eine

Ausbildung absolvieren, die ihren Fähigkeiten und Neigungen entspricht. Notwendig wäre auch eine andere Bewertung vieler Berufe, insbesondere eine Aufwertung der qualifizierten handwerklichen Tätigkeiten und vieler Dienstleistungsberufe.

Die gesellschaftliche Bewertung der Berufe stimmt in vielfacher Hinsicht nicht; so rangieren Berufe, die für die Gesellschaft von existenzieller Bedeutung sind und in Zukunft noch wichtiger werden, wie beispielsweise die gesamten Pflegeberufe, unbefriedigend niedrig. Auch die Einstellungen, die für diese Berufe Voraussetzung sind, werden nicht konsequent gefördert. Ihr Fehlen macht sich zunehmend bei Berufswahl wie bei privaten Initiativen in der Freizeit bemerkbar; das langfristige ehrenamtliche soziale Engagement wird rarer.

Im Mittelpunkt der Diskussion muß die Qualität von Arbeit und Freizeit stehen, nicht ein oberflächlicher Verteilungsstreit. Die aktuelle Kontroverse über die Verkürzung der Arbeitszeit verfolgt die Bevölkerung nur mit halbem Interesse. Zwar kann sich eine relative Mehrheit für die Arbeitszeitverkürzung durchaus erwärmen, doch läßt die Bevölkerung keinen Zweifel daran, daß diese Forderung für sie kein vordringliches Anliegen ist. Die erhitzte Debatte läuft weitgehend an der Bevölkerung vorbei, denn sie berücksichtigt nicht die Bedürfnisse der Bevölkerung, das heißt den wahren Stellenwert von Arbeit und Freizeit.

Freizeit:
Anbieten, organisieren, erleben?

Leo Baumanns

Auf dem Weg in die „Freizeit-Gesellschaft"?
Angebot und Nachfrage auf dem Freizeitmarkt
Wettbewerb und Bürokratie im Widerstreit
Den Freizeitkonsum dirigieren und reglementieren?
Freizeit als gesellschaftspolitisches Problem

Auf dem Weg in die „Freizeit-Gesellschaft"?

Freizeit ist ein Zeichen von Wohlstand. Wenn die Arbeit für den notwendigen Lebensbedarf – wie Essen, Kleidung, Wohnung – nur noch Zeit übrigläßt, um sich zu regenerieren, die Arbeitskraft wiederherzustellen oder zu schlafen, dann bleibt kein Raum mehr für Freizeit und Muße. Erst wenn es gelingt, freigestellt zu sein und den Zeitaufwand für die Erwerbsarbeit zu senken, ohne Abstriche bei der Befriedigung der eigenen Grundbedürfnisse hinzunehmen, kann ein Freiraum entstehen. Man wird im Sinne von *Max Weber* „abkömmlich".

Freizeit und Erwerbsarbeit sind wie zwei kommunizierende Röhren. Wenn der Zeitaufwand für die Existenzsicherung durch Erwerbsarbeit sinkt, dann erhöht sich der Pegel der Freizeit entsprechend. Insofern ist Freizeit ein gesellschaftlicher Fortschritt, der ohne ein hochproduktives Wirtschaftssystem nicht vorstellbar ist.

Jedoch reicht eine florierende Wirtschaft, die dank hoher Produktivität die Chance zur Arbeitszeitverkürzung bei gleichbleibend hohem Lebensstandard bietet, noch nicht aus, um das zu begründen, was man „Reichtum an Freizeit" nennt. Hinzukommen muß ein gesellschaftlicher Konsens, eine Übereinkunft, daß man sich die freie Zeit auch leisten will.

Der Grenzwert, bei dem die Entscheidung gegen mehr Arbeit und für mehr Freizeit getroffen wird, ist in verschiedenen Kulturkreisen, aber auch bei den einzelnen gesellschaftlichen Gruppen innerhalb einer Gesellschaft, wechselnd hoch. Während man in einigen Bereichen des asiatischen Kulturkreises – zum Beispiel in Thailand oder Indonesien – schon dann eine Bereitschaft findet, auf mehr Arbeit und somit auf mehr materiellen Wohlstand zu verzichten, wenn eine bescheidene Existenzgrundlage geschaffen ist, läßt sich in unseren westlichen Kulturen in aller Regel ein relativ hohes Streben nach materiellem Wohlstand beobachten. Dafür sind wir aber auch bereit, ein höheres Maß an Erwerbsarbeit auf uns zu nehmen. Diese Bereitschaft sinkt, wenn die materiellen Voraussetzungen für die Freizeit als selbstverständliche Grundausstattung erfahren werden und wenn die immateriellen, also die sinnstiftenden Elemente der Erwerbsarbeit in den Hintergrund treten.

Die Deutsche Gesellschaft zur Förderung der Freizeitwissenschaften (DGFF) hat in einer Untersuchung bei 5000 Bürgern herausgefunden, daß etwa für jeden zweiten – es waren 42 Prozent – die Freizeit wichtiger ist als die Arbeit. Die hohe Wertigkeit der Freizeit im Meinungsbild der Öffentlichkeit läßt ohne einen Blick auf volkswirtschaftliche Daten den Schluß zu, daß wir eine wohlhabende Gesellschaft sind, die ihren Mitgliedern die materielle Chance und die ideelle Freiheit zur Freizeit gibt.

Betrachtet man Freizeit als ideelles Kapital, dann hat sich bei den Bundesbürgern in den vierzig Nachkriegsjahren aus bescheidenen Anfängen ein beträchtliches „Freizeit-Kapital" angesammelt. Mit dem „Wirtschaftswunder" kam es – mit zeitlicher Verzögerung – zum „Freizeit-Wunder". Hatte der durchschnittliche Arbeitnehmer im Jahre 1960 bei 261 Arbeitstagen 105 freie Tage, so hat sich dieses Verhältnis bis zum Jahre 1985 deutlich zugunsten der freien Tage verschoben. Wochenenden, Urlaub und freie Tage summierten sich schon vor fünf Jahren auf 160 Tage im Jahr.

Ginge es im realen Leben nach sozialwissenschaftlichen Prognosen, dann ließe sich das „Freie-Zeit-Budget" bis zum Jahre 2010 auf 202 Tage hochrechnen. Innerhalb eines halben Jahrhunderts hätte sich dann die Zahl der freien Tage für den Menschen fast verdoppelt.

Doch hinter dieser Hochrechnung kann ein dickes Fragezeichen angebracht werden. Nicht nur die politischen Rahmendaten der staatlichen Einigung Deutschlands und die dafür notwendigen Produktivkräfte lassen einen Rückgang oder zumindest einen Stillstand im „Freie-Zeit-Budget" als notwendig erscheinen. Auch die jüngsten sozialpsychologischen Befunde zur Bewertung der Freizeit zeigen, daß die Bevölkerung mehrheitlich ein Moratorium im Freizeitwachstum wünscht und die bereits vorhandene Freizeit qualitativ besser nutzen möchte.

Dieser Wandel in der Einstellung schlägt sich im vordergründigen Gespräch oder bei der rein quantitativen Meinungsabfrage noch nicht deutlich nieder. Denn auf die „platte" Frage: „Wollen Sie mehr Freizeit?" wird auch weiterhin ein undifferenziertes „Ja" geantwortet werden. Geht man aber in der Befragung durch diese Oberhaut hindurch und kommt in die tiefere, „subkutane" Meinung der Befragten, so überwiegt die Auffassung, daß die quantitative Vermehrung der Freizeit nicht der richtige Weg für den einzelnen und für die Gesellschaft ist.

Aber auch die sozialpsychologische Meinungsforschung kann die Frage, wo denn der „goldene Schnitt" zwischen Arbeit und Freizeit liegen soll, nicht völlig beantworten. Das vereinfachende Modell, daß Arbeit eine Last und Freizeit eine Lust ist, ist jedenfalls widerlegt. Vielmehr wissen wir, daß Menschen, die gern und mit Freude arbeiten, auch ihre Freizeit mit Freude genießen.

Angebot und Nachfrage auf dem Freizeitmarkt

Der Gesamtumsatz im Freizeitmarkt der Bundesrepublik liegt bei rund 250 Milliarden DM im Jahr. Die Freizeitbranchen sind Wachstumsbranchen.

Die Bandbreite der Freizeitanbieter reicht vom renditeorientierten Wirtschaftsunternehmen bis zur spontanen Selbsthilfegruppe. Dabei bin ich mir bewußt, daß die Gegenüberstellung von materiellen und immateriellen Interessen nur als Idealtypik bestehen kann. In der Wirklichkeit haben wir es nahezu ausschließlich mit ökonomisch determinierten Freizeitanbietern zu tun. Die einen nehmen das Geld vom Freizeitkunden unmittelbar, die anderen holen es sich über die kommunale oder staatliche Alimentation durch den Steuerzahler.

Auf neu entstandene oder auch angeregte Freizeitwünsche reagieren die professionellen Anbieter in aller Regel schnell. Wir können hier eine ähnliche Geschwindigkeit konstatieren, wie wir sie in der Modebranche haben. Für die Saison sind sogenannte Trends festgeschrieben, um dann für einige Zeit oder für immer vom Markt der Freizeitangebote wieder zu verschwinden. Welche Freizeitangebote gerade „in" und welche „out" sind, das erfahren wir durch die Medien.

In einer Freizeitbeilage der „Frankfurter Allgemeinen Zeitung" hieß es kürzlich: „Einzelhandelsgeschäfte und Gastronomiebetriebe nutzen diesen Trend durch Spezialisierung und Aufnahme neuer Formen und Angebotsinhalte, wobei der Ausdruck ‚Erlebnis'" – etwa „Erlebnisgastronomie" – „im Mittelpunkt steht. Öffentliche Verwaltungen und Vereine reagieren durch den Aufbau spezieller Dienstleistungsangebote gegen Bezahlung. Gemeinden und Bundesländer befassen sich wegen der wirtschaftsfördernden Wirkung des Freizeitwertes zunehmend mit Freizeit und Tourismusförderung."

Das Aufeinandertreffen von kommunalen (staatlichen) und privatwirtschaftlichen Freizeitanbietern ist nicht konfliktfrei – oder um es deutlicher und weniger euphemistisch zu sagen: Von einigen wenigen Ausnahmen abgesehen, besteht zwischen dem kommunalen Freizeitanbieter und dem privatwirtschaftlichen Freizeitunternehmer ein ausgesprochenes Spannungsverhältnis.

Hier stoßen Welten aufeinander, die sich aufgrund des deutschen Hangs zur Ideologisierung zu regelrechten „Weltanschauungskämpfen" entwickeln. Der privatwirtschaftliche Anbieter von Freizeitangeboten kritisiert die kommunalen Angebote als „weit weg" von den Wünschen der Bevölkerung und beschwert sich darüber, daß seine Angebote zunehmend durch Vorschriften und Auflagen des Ordnungs- und Gewerberechts reglementiert werden. Beide Vorwürfe sind weitgehend berechtigt und auch empirisch belegbar.

Die meisten kommunalen (staatlichen) Freizeitangebote leiden unter stetig sinkendem Publikumsinteresse. Dies gilt für die kommunalen Hallenbäder ebenso wie für die Angebote in Jugend- und Freizeitheimen. Und ebenso nachweisbar ist die zunehmende Flut von behördlichen Auflagen zu Lasten der privaten Anbieter, die von Stellplatzverordnungen über Sperrstunden bis zur Vergnügungssteuer reichen.

Auf diese Schelte der Freizeitunternehmer reagiert ein Großteil der Kommunen äußerst unwirsch. Zum einen wird die Existenzberechtigung der unattraktiven kommunalen Freizeiteinrichtungen durch Phantomzahlen „bewiesen", zum anderen hört man aus manchen Ordnungs- und Bauämtern, daß die Bürger eben ein „falsches Bewußtsein" zur Freizeit hätten, wenn sie den „profitgierigen" privatwirtschaftlichen Angeboten den Vorzug geben.

Über mein Institut wurden 224 Kommunalpolitiker und Stadtplaner nach dem mangelnden Interesse der Öffentlichkeit an kommunalen Freizeitangeboten befragt. In dieser Befragung bekannten 81 – also deutlich mehr als ein Drittel der Befragten –, daß „die Leute" das Freizeitangebot „gefälligst" akzeptieren sollten, das ihnen von Kommunen, Kirchen und Vereinen angeboten wird. Diese Gesprächspartner gaben zu erkennen, daß sie es „den Leuten" geradezu verübeln, daß sie in ihrer Freizeit nicht so sind, wie sie aus Sicht der Kommunalpolitiker und der Planer sein sollten.

Als Beitrag zur Entspannung zwischen den kommunalen und den privatwirtschaftlichen Kontrahenten auf dem Freizeitsektor betreibt die Deutsche Gesellschaft zur Förderung der Freizeitwissenschaften ein Forschungsprojekt mit dem Arbeitstitel „Freizeitnutzungsplanung". Analog zu den tradierten städtebaulichen Leit- und Detailplanungen sollen die Kriterien erörtert werden, mit denen kommunale und privatwirtschaftliche Freizeitangebote als ein Gesamtangebot für die Freizeitgestaltung begriffen werden können. Es sollen die Indikatoren und Faktoren entwickelt werden, mit deren Hilfe die Freizeitattraktivität einer Kommune gemessen und natürlich auch verändert, also gestaltet werden kann.

Wettbewerb und Bürokratie im Widerstreit

Entscheidend ist, daß die Freizeitangebote nicht mehr isoliert dargestellt werden und damit zu unterschiedlichen Akzeptanzen und Verweigerungen führen. Vielmehr ist es notwendig, einen Zusammenhang von wirtschaftlichen, ökologischen und sozialen Daten einer Gemeinde mit den Daten der Freizeitangebote aus dem kommunalen wie aus dem privatwirtschaftlichen Bereich herzustellen.

Die in der Vergangenheit gemäß der „Charta von Athen" angestrebte strikte Trennung der drei Funktionen Wohnen, Freizeit und Verkehr hat sich nicht bewährt. Abgesehen davon, daß sie zu einer beträchtlichen Inanspruchnahme von Flächen, zu einer erheblichen Zunahme des Verkehrs und zu den damit verbundenen Lärm- und Abgas-Emissionen beitrug, führte diese Charta vor allem dazu, daß das Leben steriler wurde, daß man sich nur noch in monofunktionalen Quartieren befand. Notwendig ist vielmehr eine vernünftige Funktionsmischung, ein störungsarmes Nebeneinander der einzelnen Lebensbereiche. Wir müssen lernen, in den zweifellos vorhandenen Konfliktfeldern „Wohnen, Freizeit und Verkehr" ein höheres Maß an Toleranz zu entwickeln und mehr als bisher den gemeinsam zu tragenden Kompromiß anzustreben.

Der europäische Binnenmarkt und die deutsche Vereinigung werden die Rolle der Regionen und der Städte als deren Zentren stärken, aber natürlich auch ihre Konkurrenz untereinander verschärfen. Dies wird auch dazu führen, daß die Städte im Freizeitsektor mit privaten Unternehmern zusammenarbeiten müssen.

Für die Wettbewerbsstrategie der Städte und Regionen sind die öffentlichen und privaten Aktivitäten in der Freizeit gleichermaßen bedeutend. Die Kommunen haben in den letzten Jahren den Ausbau des Dienstleistungsangebots systematisch und beschleunigt vorangetrieben. Vor allem in den Bereichen Kultur und Verkehr wurden große Investitionen getätigt.

Wichtig erscheint aber auch die Feststellung, daß der Dienstleistungssektor um so wirkungsvoller für die Wettbewerbsstrategie der Städte eingesetzt werden kann, je intensiver öffentliche Hand und Privatwirtschaft zusammenarbeiten. Man nennt das – wie vieles inzwischen anglizistisch verbrämt – „Public-Private-Partnership": eine Idee, die aus den USA kommt und die in einigen wenigen Städten in der Bundesrepublik in Anfängen verwirklicht ist.

Was die Wirtschaft braucht, sind investitionsfördernde Impulse der Kommunen, sind niederlassungsfreundliche Voraussetzungen – wie baureife oder bebauungsreife Grundstücke, unbürokratische Bearbeitung von Baugesuchen und eben keine überzogenen Auflagen für den Freizeitbetrieb. Letztlich ist es also ein politisches Klima, das dem Unternehmer, vor allem dem potentiellen Investor, die Gewißheit gibt, daß er in der Stadt willkommen ist.

Ich möchte als positives Fallbeispiel die Stadt Bochum erwähnen, in der mit kommunaler Initiative privatwirtschaftliche Freizeiteinrichtungen entstanden sind, die teilweise über die regionalen Grenzen von Bochum und des Ruhrgebietes hinaus bekannt geworden sind, etwa das „Aquadrom" oder das Musical „Starlight Express" oder die „Zeche" oder das „Multiplex-Kino".

Sehr treffend hat der Bochumer Beigeordnete für Wirtschaftsfragen die „Strategie für das Freizeitangebot in einem Ballungsraum" thesenartig beschrieben. Danach soll gelten:

☐ Es muß zunächst einmal eine Akzeptanz für positive Entscheidungen im Freizeitbereich vorhanden sein; die Belegung der Freizeit mit kulturkritisch negativer Einstellung, wie sie auch in der deutschen Bildungstradition vorhanden ist, darf sich politisch nicht niederschlagen.

☐ Investoren im Freizeitbereich sollten Private sein, nicht die öffentliche Hand.

☐ Investitionen im Freizeitbereich führen zu einer Steigerung des Umsatzpotentials in einer Stadt und in einer Region; sie schaffen eine „Umwegrentabilität".

☐ Freizeiteinrichtungen verbessern die Qualität eines Standorts und sind damit ein Standortfaktor ebenso wie die Verkehrsanbindung und das Wohnungsangebot.

Damit diese pragmatischen Grundlagen der künftigen Freizeitpolitik zum Tragen kommen können, müssen emotionale und ideologische

Vorurteile bei den Behörden abgebaut und – quasi im Gegenzug – selbstbeschränkende Maßnahmen von den privaten Freizeitanbietern zugesagt werden. Es geht nicht an, daß die rechtlichen Steuerungsmöglichkeiten der Verwaltung im Städtebau und im Gewerberecht dahingehend verbogen werden, private Wertvorstellungen über die Freizeit umzusetzen. Und andererseits muß der private Anbieter von Freizeitstätten einsehen, daß er ein sensibles Gut offeriert und deshalb auf die gesellschaftliche Verträglichkeit seines Angebots zu achten hat.

Mit diesen Voraussetzungen kann das Instrumentarium der Freizeitnutzungsplanung wirksam werden und eine breitgefächerte und in sich harmonische Bedarfsdeckung für die Freizeitgestaltung des Menschen sicherstellen.

Den Freizeitkonsum dirigieren und reglementieren?

Ich habe eingangs die persönlichen und gesellschaftlichen Belastungen des Menschen durch die Freizeit angesprochen. Nun ist unbestreitbar, daß es für manche Zeitgenossen zum Problem geworden ist, alle Freizeitwünsche zu „synchronisieren". Wenn man sich die Terminkalender von Kindern zeigen läßt, in denen Ballettunterricht mit Reiten und sonstigen nach-schulischen Aktivitäten und Unterhaltungen abwechseln, fragt man sich unwillkürlich, wann diese Kinder eigentlich noch „Zeit" haben.

Solche Beispiele haben dazu geführt, daß die Freizeit zunehmend nur noch unter Problemaspekten gesehen wird. Für einige Kritiker führt sogar die Vielzahl von Freizeitangeboten geradewegs in den „Untergang unserer Gesellschaft".

Ich möchte angesichts dieser Freizeitkritik von einem „*Savonarola-Effekt*" sprechen. Die Drohung mit der Apokalypse hat wieder einmal Konjunktur – wie im 15. Jahrhundert, als sich der italienische Prediger *Hieronymus Savonarola* berufen fühlte, das bald hereinbrechende Strafgericht zu prophezeien. Und er fand seitdem viele beredte Nachahmer – meist um eine Jahrhundertwende herum. Die Nachfolger *Savonarolas* reden mit der Aufdringlichkeit von Sektierern auf die Menschen ein; sie überreden sie, vom Freizeitkonsum abzulassen und den sogenannten postmateriellen Wünschen und Werten zu folgen. Verweigerung wird zur Mode, Boykott gilt als chic.

Es war und ist jeweils die Intelligenz, es sind die Intellektuellen und die Intellektualisierten, die den hohen Lustgewinn erkannt haben, der allein in dem Wort „Boykott" und erst recht in einer richtig ausgelebten Verweigerungshaltung steckt. Es macht Spaß, gegen etwas zu sein und seine eigene Epoche als schlecht und böse und verkommen zu beschimpfen. „Schluß mit der Verkabelung!" forderten die Grünen. „Kein kommerzielles Fernsehen!" verlangten die Funktionäre der Gewerkschaften und der Kirchen. Ob sie es mit Ideologie oder mit Moral begründen, gemeinsam ist diesen „Boykottomanen", daß sie den Bürger für unmündig halten.

Es gibt, so möchte ich sagen, eine Ecke im deutschen Gemüt, in der *Faust* und *Parzival* miteinander wetteifern; hier gedeiht unsere Vorliebe für das Problemhafte. Die gewählten und die selbsternannten Volksvertreter treiben sich gegenseitig zu Höchstleistungen, wenn es um die Entdeckung und um die Kultivierung von immer neuen Problemen geht. Besonders der Intellektuelle will bei dieser Problem-Such-Bewegung nicht abseits stehen.

Richtige „Problem-Freaks" sind leicht zu erkennen: Sie tragen im Wechselgesang die Schreckensszenarien vor und können auf jedes Problem noch ein weiteres draufsetzen. Ihnen genügt ein Stichwort, um unverzüglich in einen lautstarken Zeit- und Weltschmerz zu verfallen.

Beim Anblick dieser deutsch-mystischen Problemsuche bekommt man bereits ein schlechtes Gewissen, wenn man über irgend etwas Freude empfindet – „einfach so" und ohne Problembewußtsein. Wenn man in Urlaub fährt, ohne die Probleme des besuchten Landes ausforschen zu wollen. Wenn man die technische Zivilisation genießt, ohne sich die Probleme einer möglichen Selbstentfremdung des Menschen auszumalen. Wenn man Freizeitangebote genießt, ohne dabei nach „sinnvollen" und „nicht sinnvollen" Freizeitangeboten zu unterscheiden.

Glaubt man den Freizeitproblem-Forschern, dann werden wir bald beim Freizeitmediziner Rat suchen, oder es werden neue Berufe zu unserer Errettung antreten: der Vorträumer, der Schlaftrainer, die Video-Seelsorger, die Langeweile-Therapeuten und die Phantasie-Berater.

Diese Szenarien erinnern an ähnliche Beispiele aus dem deutschen Kulturpessimismus. Eine Schreckensvision der späten fünfziger Jahre zum Beispiel meinte, daß es einmal drei bis vier Fernsehprogramme „zur gleichen Zeit" bei uns geben könnte. Und noch Anfang der sechziger Jahre mußten in den Schulen die sogenannten Besinnungsaufsätze geschrieben werden mit dem Thema, warum der Mensch lieber ins Theater geht und ein „gutes Buch" liest, als vor dem Fernsehapparat zu sitzen.

Wenn und wo sich Freizeit als problembehaftet darstellt, dann nicht wegen einzelner Freizeitangebote, sondern weil Freizeit ein Teil der Gesamtzeit ist, die von uns gestaltet werden kann.

Freizeit als gesellschaftspolitisches Problem

Der Sozialpsychologe *Arnold Gehlen* wies bereits in den sechziger Jahren darauf hin, daß wir auf ein insgesamt „gestörtes Zeit-Bewußtsein" hinsteuern. *Gehlen* sprach zu Recht von den „Ereignismassen", die auf uns zuströmen und zu einer „ungemeinen moralischen Belastung und Überreizung" werden. Die in den Medien vermittelten Erlebnismassen bilden aus sich heraus keine Zentren und Schwerpunkte mehr für unser Lebensgefühl, sondern sie sind nur das, was man „stehende Wirbel" nennen könnte.

Bereits eine halbstündige Nachrichtensendung am Tage bringt uns in einen Verarbeitungsstreß mit mehr Informationen, als wir in unser Leben einordnen können. In einem Akt von geistiger Gesunderhaltung ziehen wir uns dann auf Klischees und auf vorgefaßte Meinungen zurück, um nicht völlig konfus zu werden. In immer kürzeren Intervallen lösen sich Nachrichten und Informationen ab, die einander widersprechen und allgemeine Ratlosigkeit erzeugen.

In fast masochistischer Begeisterung hat unsere Gesellschaft diese Krisenstimmung in sich aufgesogen und wartet allabendlich vor dem Fernsehen auf neue Daten der Verunsicherung. In einem solchen Zustand der Überinformation entsteht „Meinung" nicht mehr durch weitere Information. Vielmehr entscheidet dann die vorgefaßte Meinung, was noch als Information anzusehen ist. Mit dem Klischee, dem Vorurteil, verdrängt der Mensch jede ihm nicht passende Information, um nicht in einen Streß seines Bewußtseins zu geraten.

Unser informatorischer Einzugsbereich vergrößert sich ständig. Mit ein paar Stunden Zeitaufwand im Auto oder im Flugzeug können wir unsere

Aktionsumwelt auswechseln. *Arnold Gehlen* prophezeite die Welt als einen „großen Moralschauplatz" und sagte: „... dann werden zahlreiche Ereignisreihen sozusagen dispositionsfähig. Sie werden im Sinne des ‚Mich-Angehens' möglich, während sie vorher völlig außerhalb unseres Bewußtseins lagen."

Dieses bemerkenswerte Urteil über die Folgen unseres gestörten Zeitempfindens sollten wir ernst nehmen. Hierin liegt eine Erklärung dafür, warum unsere Epoche zunehmend so reizbar, so empfindlich und so ungeduldig ist. Der Mensch ist affektiv überlastet und deshalb überfordert. Ein neuer Inhalt der Langeweile tritt auf, wie er in dem französischen Wort „ennui" zum Ausdruck kommt. „Ennui" kommt vom lateinischen „in odio esse", das heißt „im Haß leben", und es beschreibt damit exakt die negativistische Stimmung von Langeweile.

Aus dieser Sicht entsteht auch das Thema der Belastungen des Menschen durch Freizeit in einer neuen Dimension, über die nachzudenken sich lohnt. Zumindest verliert die vordergründige Betrachtung an Bedeutung, nach „guten" und „schlechten" Angeboten in der Freizeit zu unterscheiden oder beckmesserisch den Menschen bestimmte Freizeitunterhaltungen negativ anzukreiden.

Auch für extensive Freizeitgenüsse gilt, daß die Menschen nach einiger Zeit wieder zu ihrer Normalität zurückfinden. Auch in der Sozialpsychologie sind Kräfte des Marktes am Werk. Auf Kapriolen folgt meist eine nachwachsende Ordentlichkeit – auch beim Freizeitkonsum.

Weniger Arbeit – der falsche Weg

Joachim Starbatty

Arbeit und Freizeit in ökonomischer Sicht
Vollbeschäftigung durch Kürzen von Arbeitszeit:
 Eine irrige Vorstellung
Wirkung von Arbeitszeitverkürzungen
 bei Lohnausgleich
Voraussetzungen für Arbeitszeitverkürzungen
 ohne Lohnausgleich
Hürden auf dem Weg zur Vollbeschäftigung
Arbeitszeitverkürzung als wirtschaftliche und
 soziale Gefahr
Verminderung von Arbeitszeit heißt Zunahme von Streß

Arbeit und Freizeit in ökonomischer Sicht

Das Thema „Arbeit und Freizeit" wird traditionell in der Volkswirtschaftslehre wie folgt abgehandelt: Muß Arbeit umverteilt werden, muß also den einen mehr Freizeit gegeben werden, um den anderen Beschäftigung zu verschaffen?

Das ist, was Volkswirte diskutieren. Viele hätten es gern, wenn in unserer Profession anderes diskutiert würde. Aber Arbeit als Wert kommt in unseren Lehrbüchern nicht vor. Wir kennen Arbeit nur als Kostenkurve und dementsprechend als Erlöskurve. Insofern, könnte man meinen, wäre unsere Wissenschaft etwas einseitig. Aber sie ist doch höchst dramatisch, weil es ja bei der Umverteilung der Arbeit um etwas Existentielles geht, existentiell zumindest für diejenigen, die Arbeit suchen, und existentiell auch für einige, die bei den Tarifauseinandersetzungen dabei sind.

Wenn ich aus der Perspektive des Volkswirtes das Thema „Arbeit und Freizeit", also Neuverteilung oder Umverteilung der Arbeit, diskutiere, dann muß ich gestehen, daß aus diesem Thema „die Luft heraus ist". Denn seitdem der Vorsitzende der IG-Metall angekündigt hat, daß er wegen Arbeitszeitverkürzungen nicht mit dem großen Knüppel Streik spielen werde, scheint Entspannung angesagt. Freilich hat er auf den Knüppel im Sack noch kräftig gezeigt und gesagt, daß er bereit wäre, über den Zeitpunkt des Eintritts in die Arbeitszeitverkürzung mit sich reden zu lassen, daß aber über einen späteren Eintritt in die Arbeitszeitverkürzung tarifliche Vereinbarungen getroffen werden müßten. Und hierum wird der Streit gehen. Freilich wird er dann wohl nicht so scharf ausgetragen, wie wir das im Jahre 1984 erleben mußten.

Weiterhin ist das Thema nicht mehr so interessant, weil die Entwicklung in der DDR alles überlagert; die Aktualität der DDR-Problematik drückt die grundsätzlichen Themen etwas in den Hintergrund. Insofern hat das Thema „Arbeit und Freizeit" allenfalls Langzeitbedeutung. Aber es fasziniert nicht mehr so wie bisher. Und womöglich hat sich auch deswegen Herr *Steinkühler* gesagt, daß ein Streik jetzt nicht angebracht wäre, weil er ohne durchschlagende Wirkung verpuffen könnte.

Zum dritten ist aus dem Thema „die Luft heraus", weil in den letzten Jahren kein neues theoretisches Argument vorgebracht wurde. Es ist bereits alles gesagt worden. Ich habe meine Mitarbeiter neben meiner eigenen Tätigkeit auf die Materialien angesetzt. Wir haben keinen neuen theoretischen Satz gefunden. Wir haben eine andere Mischung von Argumentationsketten und auch eine Verlagerung der Argumentationsschwerpunkte diagnostiziert, aber kein prinzipiell neues Argument entdeckt.

Aus internationaler Sicht ist das auch nicht weiter auffällig. Die Arbeitszeitdiskussion ist, so ließe sich sagen, ein deutscher „Sonderweg". Arbeitszeitverkürzung als Mittel des Beschäftigungsanstiegs wird international nicht diskutiert. Die ausländischen Gazetten im Jahre 1984 waren voll der Verwunderung über das, was sich bei uns abspielte. Die Beobachter der internationalen Szenerie verstanden nicht, daß man aufeinander einschlug, um über Arbeitszeitverkürzung zu mehr Beschäftigung zu kommen. Die sozialistische Regierung in Frankreich hat sich dieses Instruments im Jahre 1981 bedient, kombiniert mit Vulgär-Keynesianismus, also dem Versuch, über zusätzliche Staatsausgaben für mehr Nachfrage zu sorgen und so das Beschäftigungsniveau anzuheben. Sie hat dieses Experiment nach zwei Jahren abgebrochen, weil es für die französische Nation tödlich gewesen wäre. Sie faßt das Instrument der Arbeitszeitverkürzung seither nicht mehr an. Auch theoretisch wird das Instrument in Frankreich nicht diskutiert, obwohl die handelnden Personen – cum grano salis – dieselben sind.

In Japan und in den USA ist die Verwunderung über den deutschen Sonderweg wohl noch größer. Dort ist die Arbeitszeit pro Kopf in den letzten Jahren noch angestiegen, vor allem, wenn man auf die effektive Arbeitszeit abstellt. Insbesondere haben wir hier eine Vergrößerung der Schere seit dem Jahre 1984. Wenn in Schweden die Arbeitszeit verkürzt wird, dann nur aus Gründen der Freizeitmehrung, aber nicht aus Gründen der Umverteilung von Arbeit.

Eine Nation, die sich im internationalen Konkurrenzkampf befindet, wird sich nur behaupten können, wenn ihre Produkte entweder immer „intelligenter" werden, beispielsweise bestimmte Luxusgüter wie Porsche-Pkws, die traditionell geradezu handwerklich gefertigt werden, aber immer mehr Intelligenz unter der Haube verstecken, oder die Produktionsverfahren „intelligenter" werden, etwa die Strategie von VW. Das sind die beiden Möglichkeiten, sich international zu behaupten. Jeder andere Weg führt ins industriepolitische Abseits. Auch der gesunde Menschenverstand sagt einem, daß ein Land, dessen komparativer Kostenvorteil Humankapital ist, diese Ressource nicht einsperren darf, wenn es international konkurrenzfähig bleiben will.

Vollbeschäftigung durch Kürzen von Arbeitszeit: Eine irrige Vorstellung

Warum bestehen nun die Gewerkschaften auf dem Weg der Arbeitszeitverkürzung? Man könnte ganz grob sagen: Aus einem dialektischen Schema heraus müssen die Gewerkschaften für Arbeitszeitverkürzung sein, weil die Arbeitgeber dagegen sind. Für manchen sind Arbeitgeber die traditionellen Ausbeuter. Wenn sie für oder gegen etwas sind, empfiehlt es sich, jeweils für das Gegenteil zu votieren. Manchmal hat man das Gefühl, daß dieses Argumentationsschema in einer Reihe von Köpfen steckt, insbesondere bei bestimmten Gewerkschaften. Aber das ist bloß eine Vermutung.

Ausschlaggebend ist wohl ein theoretisches Argument. Man glaubt, daß das Arbeitsvolumen prinzipiell beschränkt sei, daß es einer anderen Verteilung bedarf, wenn man zu einer pro Kopf gleichmäßigen Beschäftigung kommen möchte. Das ist die Vorstellung einer stationären Welt, in der Vollbeschäftigung nur durch Umverteilung zu erreichen ist. Das ist das, was ich die Wagenburg-Mentalität nenne: Wir haben ein bestimmtes Maß an Gütern und Arbeitsvolumen; wir müssen es gerecht verteilen.

Wenn man dieser Auffassung ist, dann kann das Maß an Beschäftigungszuwachs einem Dreisatzschema entnommen werden: Wenn einhundert Leute vierzig Stunden arbeiten und zehn keine Arbeit haben, wieviel müssen dann die Einhundert weniger arbeiten, damit die Zehn noch beschäftigt werden? Das ist die Argumentationsbasis. Und das Dynamische in der Volkswirtschaft bringt man durch einen Korrekturfaktor hinein: Während der Arbeitszeitverkürzung wird es Verdichtungsvorgänge im industriellen Bereich geben; also setzen wir den Korrekturfaktor mit fünfzig Prozent an. Man hat dann dieselbe Dreisatzaufgabe, nur steht unter dem Bruchstrich ein Krorrekturfaktor, so daß die Zahl der Arbeitsplätze halbiert wird, die man glaubt, schaffen zu können. Das ist die Methodik der komparativen Statik: Wir vergleichen mittels eines bestimmten Korrekturfaktors oder Multiplikators die Ausgangssituation A mit der Endsituation B.

Das volkswirtschaftlich Interessante ist natürlich darin zu sehen, wie man von der Ausgangssituation A – Arbeitslosigkeit von x Prozent – zur Endsituation B – mehr Beschäftigung – kommen kann. Das kann man unter verschiedenen Annahmen durchspielen: mit Lohnausgleich oder ohne

Lohnausgleich; mit Produktivitätszuwachs, erzwungen durch Verdichtungsvorgänge, oder ohne erzwungenen Produktivitätsfortschritt; bei laxer oder bei stabilitätsorientierter Geldpolitik; in einer geschlossenen oder in einer offenen Volkswirtschaft. Die Anpassungsvorgänge in diesen Modellen müßte man einzeln verfolgen, um Beschäftigungseffekte ableiten zu können. Ich habe das in einer wissenschaftlichen Ausarbeitung getan und möchte hier nur jene beiden Punkte abhandeln, die für uns wesentlich sind, nämlich: mit oder ohne Lohnausgleich.

Wirkung von Arbeitszeitverkürzungen bei Lohnausgleich

Wenn wir Arbeitszeitverkürzung mit Lohnausgleich haben, so haben wir eine Mehrfachbelastung der Unternehmungen:

☐ Die Unternehmen können je Arbeitsplatz weniger an Deckungsbeiträgen als bisher erwirtschaften, da ja der Arbeitsplatz weniger genutzt wird.

☐ Die Lohnsteigerung muß zusätzlich verkraftet werden.

☐ Die Maschinenlaufzeit und damit der Wirkungsgrad sinken. Bei sich beschleunigendem technischen Fortschritt bedeutet das, daß in einer bestimmten Zeit nicht völlig abgeschriebene Maschinen durch andere ersetzt werden müssen.

Insofern ist es aus volkswirtschaftlicher Sicht klar, daß eine Arbeitszeitverkürzung mit Lohnausgleich dazu führt, daß die Erlösverteilung zu Lasten des verbleibenden Gewinns geht. Geringere Investitionstätigkeit, damit ein geringeres Maß an Beschäftigung sind die Folgen. Dieser Zusammenhang ist auch den Gewerkschaften klar.

Heinz Janssen, der nun wirklich nicht zu den Lämmern in der IG-Metall gehörte, hat einmal im internen Kreis gesagt, daß man den Produktivitätsfortschritt natürlich nur einmal verteilen kann, entweder als Lohnzuwachs oder als Arbeitszeitverkürzung, aber nicht zweimal. Öffentlich sagen das die Gewerkschaften nicht; sie tun vielmehr so, als ob man die Arbeitszeit verkürzen könne, ohne daß der Lohn gekürzt werden muß. Als Herr *Lafontaine* „die Stirn hatte", den Gewerkschaften öffentlich zu sagen, daß sie den Produktivitätsfortschritt nicht zweimal verteilen können, ist es zum Eklat gekommen, nicht weil Sachmeinungen aufeinandergeprallt wären, sondern weil man nicht öffentlich diskutieren wollte, daß Arbeitszeitverkürzung eben mit Lohnverzicht einhergehen muß. Es war die Öffentlichkeitswirksamkeit der Aussage von Herrn *Lafontaine*, die nicht ins Konzept paßte.

Herr *Lafontaine* hat jetzt eine kleine Volte geschlagen – das ist auch verständlich; als Kanzlerkandidat kann er sich nicht den Widerstand der Gewerkschaften leisten – und hat den Gewerkschaften attestiert, daß man jetzt Arbeitzeitverkürzung durchaus mit Lohnausgleich haben könnte. Er begründete das damit, daß die Gewerkschaften ja einen gewissen Nachholbedarf hätten, denn die Gewinne seien sehr viel stärker gestiegen, als man das vor einigen Jahren hätte annehmen können. Insofern wären die Arbeitgeber durchaus in der Lage, sowohl die Arbeitszeitverkürzung wie den vollen Lohnausgleich zu finanzieren.

Wenn man die letzten Abschlüsse Revue passieren läßt, dann ist ersichtlich, daß die Gewerkschaften wegen der Arbeitszeitverkürzung auf Lohnbestandteile verzichtet haben. Das ist aus der Statistik eindeutig erkennbar, und die Gewerkschaften wissen um diesen Zusammenhang.

Arbeitszeitverkürzung mit Lohnausgleich würde wegen des dreifachen Kostenauftriebs die Arbeitslosigkeit verschärfen. Es würde auch ein Teil derjenigen arbeitslos, die bisher beschäftigt waren.

Voraussetzungen für Arbeitszeitverkürzungen ohne Lohnausgleich

Schauen wir uns nun die Entwicklung bei Arbeitszeitverkürzung ohne Lohnausgleich an. Zunächst bedeutet das, daß am Arbeitsplatz weniger ausgeschüttet wird, als es sonst der Fall wäre. Und damit sinken die reale Kaufkraft je Arbeitsplatz und zugleich auch die Beiträge zur Sozialversicherung, für den Staatshaushalt, für die Bildung des Geldvermögens und auch für die Konsumtätigkeit. Aus dieser Perspektive haben wir es mit weniger realer Kaufkraft je Arbeitsplatz zu tun und damit auch mit einem Verschenken an potentiellen Arbeitsmöglichkeiten. Denn das höhere Maß an Freizeit bedeutet ja, daß man nach Maßgabe dessen weniger nachfragt und damit auch weniger Arbeitskräfte potentiell beschäftigt werden. Wer annimmt, daß aus mehr Freizeit je Arbeitsplatz mehr Beschäftigung resultiert, befindet sich in einer Schlaraffenland-Ökonomie, wo es gelingt, durch weniger Arbeit zu mehr Beschäftigung zu kommen.

Wenn wir das im einzelnen durchdeklinieren, führt auch die Arbeitszeitverkürzung ohne Lohnausgleich nicht zu mehr Beschäftigung, es sei denn, daß in dem Maße, in dem die Arbeitszeit verkürzt wird, ohne Zeitverlust neue Arbeitskräfte in die Arbeitsplätze, die bestehen oder unmittelbar neu geschaffen werden, einrücken. Das ist jedoch eine geradezu abenteuerliche Annahme. Denn sie setzt voraus, daß die Konjunktur gut ist, daß die Unternehmen nur darauf drängen, jetzt Arbeitskräfte zu beschäftigen, weil sie ansonsten den Bedarf nicht befriedigen können. Wenn aber kein Bedarf an zusätzlichen Produkten da ist, sondern die Konjunktur gedrückt ist, kann man nicht erwarten, daß Unternehmen bei Arbeitszeitverkürzungen und schlechten Ertrags- und Konjunkturaussichten zusätzliche Arbeitskräfte beschäftigen.

Dieser Zusammenhang ist offenkundig. Auch der frühere Vorsitzende des Instituts für Arbeitsmarkt- und Berufsforschung, Herr *Mertens,* hat das zugegeben: „Ja", sagte er, er könne sich vorstellen, daß Arbeitszeitverkürzung nicht zu einem höheren Maß an Beschäftigung führen würde, doch würde Arbeitszeitverkürzung zumindest helfen, Entlassungen zu vermeiden. Also Arbeitszeitverkürzung, damit es keine Entlassungen gibt. Nun – mit diesem Argument läßt sich alles begründen. Wenn die Arbeitslosigkeit in gleicher Höhe fortbesteht, sagt man: Das Instrument hat gegriffen, denn sonst hätte es höhere Arbeitslosigkeit gegeben. Wenn die Arbeitslosigkeit ansteigt, kann man sagen: Ohne Arbeitzeitverkürzung wäre der Anstieg noch höher. Also ein Leerformelargument, das sich beliebig verwenden läßt.

Weiter wäre erforderlich, daß das Beschäftigungsprofil dem Profil der Arbeitslosen entspräche, daß also die Arbeitsqualifikationen, die jetzt freigesetzt werden, durch Arbeitsqualifikationen aufgefüllt werden, die den freigesetzten entsprechen. Diese Annahme ist illusorisch, wie ein Blick in die Erwerbstätigenstatistik zeigt. Daß eine Ingenieurstunde durch eine – sagen wir – „ungelernte" Stunde ersetzt werden kann, ist nicht möglich.

Das wissen auch die Gewerkschaften. Ich erinnere mich noch sehr gut an das Jahr 1965, als *Ludwig Erhard* gesagt hat, es wäre aus sozialen und volkswirtschaftlichen Gründen problematisch, Arbeit, die mangels Erwerbstätiger liegen bliebe, durch Gastarbeiter erledigen zu lassen, und statt dessen vorschlug, daß wir alle eine Stunde länger arbeiten sollten, um den Bedarf an Arbeitskräften zu decken. Daraufhin haben die Gewerkschaften gespottet: Wenn ein Arzt oder ein Jurist eine Stunde länger arbeitet, wie kommt dann der Müll von der Straße? Sie haben also darauf hingewiesen, daß das Profil der Beschäftigten nicht dem Profil an Anforderungen entspricht, wenn die Arbeitszeit linear erhöht wird. Nun – wenn das bei Arbeitskräftemangel gilt, dann gilt es natürlich auch im umgekehrten Fall.

Weiter gilt, daß wir, auch wenn das Profil gesamtwirtschaftlich übereinstimmen sollte, regionale Diskrepanzen haben. In Baden-Württemberg beispielsweise sieht die Situation anders aus als in einigen Gebieten Norddeutschlands. Wenn jedoch die gesuchte Arbeitsqualifikationen an verschiedenen Orten vorhanden sind, kann man nicht erwarten, daß eine Arbeitszeitverkürzung in Baden-Württemberg in Norddeutschland zusätzliche Arbeitsplätze schafft.

Weiter ist zu berücksichtigen, daß die Arbeitsplätze nicht beliebig teilbar sind. Wenn in einem Unternehmen zehn Arbeitskräfte beschäftigt sind, hat eine Arbeitszeitverkürzung ganz andere Auswirkungen als in einem Unternehmen mit tausend Beschäftigten. Eine Arbeitszeitverkürzung bei BMW läßt sich ganz anders handhaben als in einem hoch spezialisierten Fertigungsbetrieb. Daher hat sich vor allem der Mittelstand gegen die Strategie globaler Arbeitszeitverkürzung gewendet.

Arbeitszeitverkürzung mit dem Ziel, neue Leute einzustellen, erfordert, daß der Kapitalbedarf je Unternehmung ansteigt. Wir können ja nicht erwarten, daß die neu Einzustellenden an den bereits eingerichteten Arbeitsplätzen Beschäftigung finden. Es müssen neue Arbeitsplätze eingerichtet werden; diese sind außerordentlich kostspielig, wenn wir an das technologische Niveau unserer Volkswirtschaft denken.

Hürden auf dem Weg zur Vollbeschäftigung

Auch eine Reihe institutioneller Gegebenheiten steht einer Neueinstellung im Wege. Gesetze, die in der Hochkonjunktur entstanden sind, haben bei rezessiver Entwicklung ganz andere Auswirkungen. Man denke an das Arbeitsförderungsgesetz, an die Novellierung des Betriebsverfassungsgesetzes, an die Einführung des Instituts Sozialplan. Diese Gesetze verändern ihre Wirkung, wenn die Suche nach Arbeit zum wirtschaftspolitischen Problem wird. Dann wirken sich Schutzgesetze als institutionelle Bremsen aus. Bei einem solchen institutionellen Arrangement kann man nicht erwarten, daß Arbeitszeitverkürzung zu enem ex ante auszurechnendem Mehr an Beschäftigung führt.

Das ist auch unter vernünftigen Ökonomen nicht strittig. De herrschende Lehre, vertreten etwa durch den Sachverständigenrat, den Wissenschaftlichen Beirat beim Bundeswirtschaftsministerium ocer von denjenigen, die internationales Ansehen genießen, sieht den Arbeitsmarkt als einen Ort, auf dem Arbeitsleistungen angeboten und nachgefragt werden. Sie sehen also die Arbeitsbeziehungen als ein Marktphänomen: Schließlich werde Arbeitsleistung nur nachgefragt, weil man Produkte oder Dienstleistungen verkaufen wolle.

Insofern können wir also den Lohn als Preis für einen bestimmten Strom an Arbeitsleistungen betrachten, die entweder Produkte oder Denstleistungen hervorbringen. Ein Überschuß an Arbeitskräften bedeutet dann, daß der Strom an Leistungen, den man sich von den Arbeitskräten verspricht, die Arbeitgeber zu teuer zu stehen kommt im Vergleich zu dem, was man für daraus resultierende Endprodukte erzielen kann. Ferner kann die nachgefragte Struktur an Arbeitsleistungen nicht der angebotenen Struktur entsprechen, etwa Überqualifikationen in bestimmten Bereichen. Die Konsequenz daraus kann dann nicht sein, die Arbeitszeit zu verkürzen, sondern den Strom an Leistungen, den man sich von den Arbeitsleistungen verspricht, wieder attraktiver zu machen oder über die Ausrichtung des Arbeitsangebotes umzuorientieren.

Die Konsequenz ist dann aus volkswirtschaftlicher Sicht: Lohnzurückhaltung! Das heißt nicht: „Lohnpause", sondern geringerer Anstieg des Lohnsatzes im Vergleich zur Produktivitätsentwicklung, damit das zu verteilende Betriebseinkommen zugunsten der Investitionstätigkeit verlagert wird und daraus ein höheres Maß an Beschäftigung resultiert. Diese Strategie ist in den letzten Jahren bei uns durchgeführt worden – wie wir sehen, mit außerordentlich gutem Erfolg. Die Beschäftigungszuwächse, die in den letzten Jahren erzielt wurden, sind weitaus höher als die Beschäftigungszuwächse bei den vorangegangenen Konjunkturaufschwüngen. Das hängt womöglich damit zusammen, daß der jetzige Konjunkturaufschwung länger anhält. Aber auch das hat wiederum etwas mit den Verteilungsrelationen zu tun. Umschulungsprogramme sind angebracht, wenn die Qualifikationsstruktur des Arbeitsangebots nicht den Wünschen des Marktes entspricht.

Aus dieser Perspektive ist Arbeitszeitverkürzung, wenn ein überschüssiges Arbeitsangebot Resultat einer falschen Ertrags/Preis-Relation ist, Konsequenz einer Kartellpolitik. Wenn wir bei einem bestimmten Preis nicht alle Produkte absetzen können, so versuchen wir, die Produktions- bzw. Arbeitsmöglichkeiten zuzuteilen. Wir kennen das aus der Agrarpolitik, wo man gezwungen war, Quoten einzuführen. Wir kennen das aus dem Stahlsektor, wir kennen das aus dem Verkehrssektor.

Wenn man kartellmäßig den Preis über einen bestimmten Marktpreis heraufsetzt, haben wir einen Überschuß bei allen Gütern und Dienstleistungen mit der Konsequenz, daß dann Mängel entstehen und Poolung und anderes nötig werden. In diesem Sinne ist die Arbeitszeitverkürzung ja ganz konsequent. Da gibt es einmal die Umverteilung über die Längsachse, also gewissermaßen auf der gleichen Zeitebene unter den Gleichaltrigen und dann eine Querverteilung bei unterschiedlichen Altersklassen.

Ähnliche Effekte kennen wir aus der Verkehrspolitik. Früher hat man in der Verkehrspolitik Kapazitätsschnitte per Abwrackprämien herbeigeführt. Es ging darum, überschüssige Kapazitäten, beispielsweise im Zuge der Weltwirtschaftskrise, stillzulegen.

Freilich vertreten nicht nur Gewerkschafter oder skurrile Wissenschaftler Arbeitszeitverkürzung als Mittel des Beschäftigungsanstiegs; auch honorige Wissenschaftler befinden sich darunter, etwa diejenigen, die die Alternativgutachten unterzeichnen, die beim Institut für Arbeitsmarkt- und Berufsforschung (IAB) beschäftigt sind oder im Deutschen Institut für Wirtschaftsforschung in Berlin arbeiten oder aber namhafte Soziologen und vereinzelt sogar namhafte Juristen.

Deren Auffassung beruht auf der Annahme, daß der Markt aus sich heraus nicht mehr für ein Gleichgewicht auf den einzelnen Beschäftigungsmärkten sorgen kann, daß es ohne staatliche Eingriffe immer ein Überschußangebot an Arbeit geben müsse – die These des Marktversagens. Also, wenn wir uns auf den Markt verlassen, wird die Nachfrage nach Arbeitskräften nie hoch genug sein, um Vollbeschäftigung zu sichern.

Die Thesen: „Uns geht die Arbeit aus" oder „Es werden zu wenig gute Arbeitskräfte nachgefragt", sind ja Uralt-Thesen. Arbeitsleistungen werden nachgefragt, weil Bedarf an Gütern und Dienstleistungen besteht. Also besagt die These: „Uns geht die Arbeit aus", daß unsere Bedürfnisse gesättigt sind. Das ist ein traditionelles Argument, das von Zeit zu

Zeit immer wieder auftaucht. Als im vorigen Jahrhundert die Arbeitskräfte eine Zweizimmerwohnung, einen Anzug und ein Paar Schuhe hatten, haben Ökonomen, etwa *Karl Marx* – Unterkonsumtionstheorie –, gesagt: Jetzt geht uns die Arbeit aus. Ebenso hat *Wicksell* Ende der neunziger Jahre des vorigen Jahrhundert argumentiert. *Keynes* hat das Mitte der dreißiger Jahre vertreten. Auch bei uns haben einige Leute dies behauptet.

Wenn uns die Arbeit ausgehen sollte, wenn wir also keinen weiteren oder zu geringen Bedarf an Gütern und Dienstleistungen hätten, wie soll man dann die Schlachten verstehen, die um Lohnprozentsätze geführt werden? Lohnerhöhungen wären dann ja unwichtig. Diese These wird immer dann aus der Rumpelkammer der ökonomischen Dogmengeschichte hervorgeholt, wenn wir es mit schlechter Konjunktur und sich verfestigender Arbeitslosigkeit zu tun haben. Insofern beobachten wir ein mehr oder weniger periodisches Auftreten. Diese Diskussion ist besonders intensiv im vorigen Jahrhundert geführt worden. Erinnert sei an den Spötter *Bastiat:* Wenn zu viele Zimmerleute da sind, gemessen an der Nachfrage nach Häusern und Dächern, dann müssen die Äxte der Zimmerer – so *Bastiat* – einfach stumpf gemacht werden; dann schaffen sie weniger pro Stunde und es werden mehr Zimmerer benötigt. Das ist eine sehr probate Methode der Arbeitszeitverkürzung oder des Beschäftigungsanstiegs, weil man bei Bedarf an Arbeitskräften die Äxte wieder schärfen kann, damit je Produktionseinheit wieder mehr Häuser, Dächer und so weiter produziert werden.

Arbeitszeitverkürzung als wirtschaftliche und soziale Gefahr

Was ist denn nun neu in den Lohnrunden 1990 gegenüber früheren Entwicklungen? Zunächst haben wir es mit Hochkonjunktur zu tun, und Facharbeiter sind gesucht, um die Produktion ausweiten zu können; zumindest gilt das für weite Regionen und Sektoren unserer Volkswirtschaft. In einer Situation, in der Facharbeitskräfte als Engpaß zu betrachten sind, hieße die Arbeitszeit generell zu senken, daß kompensatorisch die Nachfrage nach ungelernten Arbeitskräften rückläufig würde, da wir von einem bestimmten Komplementaritätsverhältnis von Facharbeitern und ungelernten Arbeitskräften ausgehen müssen.

Ferner haben sich die Lebenszyklen der Produkte dramatisch verkürzt und damit auch die Abschreibungszeiten je Arbeitsplatz. Wenn nun über Arbeitszeitverkürzung die eingesetzten Kapitalien je Zeiteinheit geringer genutzt werden, dann bedeutet das, daß man bei ansteigender Kapitalintensität gegenüber den wichtigsten Konkurrenten in Rückstand gerät. Diese Problematik ist ja gerade in der letzten Zeit unter dem Stichwort „Maschinenlaufzeit – individuelle Arbeitszeit" diskutiert worden. Die Bundesrepublik Deutschland steht nicht nur bei der Arbeitszeitverkürzung in vorderster Front, sondern darüber hinaus, was die Arbeitszeitflexibilität angeht, am Ende.

Weiter haben wir den Binnenmarkt: Stichtag 31. Dezember 1992. Sicherlich, wenn man genauer hinschaut, ist das nur ein Marketingdatum, aber auf mittlere Frist werden die Nationen Europas wirtschaftlich so zueinander stehen wie die Länder der Bundesrepublik Deutschland. Dann ist nicht vorstellbar, daß sich beispielsweise Nordrhein-Westfalen eine Arbeitszeit von 30 Stunden – effektiv gesehen – leistet, während in Bayern die Arbeitszeit 35 oder mehr Stunden beträgt. Dann würden nicht nur einzelne Produkte, sondern ganze Produktionsstätten abwandern. Dies wird sich auch im Zuge der Vertiefung der europäischen Integration ergeben, die letztlich ja auf eine Stärkung der Wettbewerbsintensität hinausläuft. Die Gefahr besteht dann, daß immer mehr deutsche Firmen bloß noch ihren Stammsitz in der Bundesrepublik haben, aber irgendwo anders produzieren. Natürlich sind langfristig europaweite Aktivitäten erwünscht. Aber das sollte nicht zu Arbeitslosigkeit in unserem Lande führen. Eine schematische Betätigung des Aktionsparameters Arbeitszeit würde freilich einer solchen Entwicklung Vorschub leisten.

Dramatisch hat sich die wirtschaftliche und soziale Entwicklung wegen der deutsch-deutschen Vereinigung verändert. Die Sanierung der DDR ist aus ökonomischer Perspektive eine Frage des Kapitalbedarfs. Bisher sind die Arbeitskräfte an produktiver Arbeit gehindert worden. Kapitalimport in die DDR würde die Produktivität enorm steigern.

Die Frage lautet also: Wie können wir diesen Kapitalbedarf aufbringen? Wir können ihn aus steigendem Einkommen aufbringen. Dann wird er gewissermaßen automatisch aus stärker steigenden Steuereinnahmen und über höhere Dotierung des Kapitalmarkts finanziert, ohne daß die Zinsen übermäßig ansteigen. Andernfalls würde der Kapitalbedarf über Zwangsbeiträge gedeckt, also über Steuererhöhungen. Diesen Zusammenhang muß man im Auge haben. Die Situation wäre für alle Beteiligten günstiger, wenn Arbeitszeit, Realeinkommen und damit die Sparmöglichkeiten unseres Landes nicht gekürzt würden.

Geändert hat sich gegenüber 1984 auch der Argumentationsstil. Er ist werbewirksamer geworden. Die Arbeitgeber plakatieren zwei Argumente: Weniger Arbeit oder mehr Lohn? Ein eingängiges Argument. Sie lassen einen Ingenieur fragen: Wenn ich eine Stunde weniger arbeite, wer soll mich dann ersetzen? Sie heben damit das unterschiedliche Qualifikationsprofil hervor. Die Gewerkschaften lassen in Fußballstadien verkünden: Wenn wir weniger arbeiten, dann können wir öfter ins Fußballstadion gehen. Dieses werbliche Mittel läßt freilich auch vermuten, daß die Gewerkschaften Schwierigkeiten haben, ihre Basis für ihre Vorstellungen zu aktivieren.

Verminderung von Arbeitszeit heißt Zunahme von Streß

Ich bezweifele aber auch, daß eine Verringerung der Arbeitszeit – wie von Gewerkschaftsseite behauptet wird – weniger Streß bedeutet. Zunächst einmal bedeutet weniger Arbeitszeit bei den höchsten Löhnen, einschließlich Lohnzusatzkosten, daß der Zeitdruck je Arbeitsplatz verstärkt wird, um international konkurrenzfähig zu bleiben. Ich könnte mir vorstellen, daß dieser zusätzliche Streß durch mehr Freizeit nicht aufgewogen werden kann. Die Anspannung des einzelnen am Arbeitsplatz steigt womöglich so, daß längere Erholungspausen in der Freizeit erforderlich sind. Womöglich hat er dann gar kein Interesse daran, seinen Rasen zu mähen, was er sonst in der Freizeit vielleicht gern tun würde.

Auch ist hier die Vorstellung irrig, daß die Leute eine Stunde weniger Arbeit freudig begrüßen, weil sie eine Stunde Freizeit höher schätzen als eine Stunde Arbeit bei entsprechender Entlohnung. Diese dichotomische Vorstellung zwischen Freizeit und Arbeit ist auch auf die nationalökonomische Tradition zurückzuführen. Wir bezeichnen beispielsweise Arbeit in der Regel als „Arbeitsleid". Wir müssen ein bestimmtes Entgelt bieten, damit das Arbeitsleid aufgewogen wird. Steigt das Arbeitsleid, müssen entsprechend höhere Entgelte geboten werden. *Adam Smith* spricht von der Arbeit als „toils and troubles", die man anderen aufoktroyieren kann, wenn man bestimmte Produkte im Tausch anbietet oder bestimmte Produkte nachfragt. Also werden „Plackerei und Sorgen" mit Arbeit gleichgestellt.

Unter diesem Aspekt sieht man nicht mehr, daß Arbeit etwas ist, was auch das Leben erfüllen kann. Man hätte vielleicht annehmen können, das wäre lediglich eine Einstellung von Professoren, weil diese das Privileg hätten, ihr Hobby zum Beruf zu machen. Ich bin aber durch Frau *Köcher* belehrt worden, daß viele, ja sogar die meisten Arbeitskräfte Freude an der Arbeit haben. In der Tat sprechen viele Arbeitskräfte von „ihrer Firma". Sie identifizieren sich mit ihrer Firma und damit zugleich auch mit der Arbeit in ihrer Firma. Diese Identifikation der einzelnen Arbeitskraft mit der Firma ist ein enormer Produktivitätsfaktor im Vergleich zur amerikanischen Situation, wo eher das Prinzip des „job-hopping" gang und gäbe ist. Also, ich wechsle meinen Arbeitsplatz, wenn mir an dem neuen Arbeitsplatz ein höheres Einkommen geboten wird und die Differenz einen weiteren Weg aufwiegt. Vielleicht hat zu dieser Entwicklung beigetragen, daß sich das Verhalten deutscher Manager von dem der amerikanischen unterscheidet. Unsere Manager wissen, daß ihr wichtigstes „Kapital" Arbeitskräfte sind und daß deswegen die Pflege des Betriebsklimas außerordentlich wichtig ist.

Mich hat am Vortrag von Frau *Köcher* gefreut, daß diejenigen, die im Beruf aktiv sind, auch in der Freizeit aktiv sind, also nicht nur die Freizeit passiv hinnehmen, indem sie den Fernseher anknipsen und die Füße hochlegen, sondern indem sie schöpferisch tätig sind – ihren Garten gestalten, malen, wandern oder was auch immer. Insbesondere hat mich gefreut, daß diejenigen, die stark berufsorientiert sind, auch stark familienorientiert sind. Ich persönlich habe das immer geglaubt.

Die Vorstellung, daß wir es mit zwei Agenten in der Wirtschaft zu tun haben – Kapital auf der einen Seite und Arbeit auf der anderen –, ist eine Vorstellung aus dem vorigen Jahrhundert. Sie geht davon aus, daß diese beiden Kräfte kontradiktorisch zueinander stehen. Es läßt sich aber anhand verschiedener Experimente zeigen, daß eine kontradiktorische Interpretation und ein entsprechendes Verhalten im Vergleich zu einem partnerschaftlichen unproduktiver ist.

Arbeit und Kapital sind an der Wertschöpfung gemeinschaftlich beteiligt. Wir haben es nicht mehr mit den Eliten Englands des 17. und 18. Jahrhunderts zu tun, die die Renten verpraßten, die die Pächter ihnen abzuliefern hatten. Wir haben es heute mit einer arbeitenden Elite zu tun, die zum großen Teil ihre Aufgabe in unternehmerischer Verantwortung sieht und den persönlichen Lebensplan entsprechend einrichtet. Natürlich weiß auch eine stattliche Anzahl von Gewerkschaftern um diesen

Zusammenhang. Leider ist es aber nicht bei allen so, insbesondere nicht bei manchen Wortführern.

Nun hat Pater *Wallraff* einmal zu Recht gesagt, man sollte den Gewerkschaften nicht auf den Mund, sondern auf die Hände schauen. Man sollte also ihre Statements beiseite legen und prüfen, was sie in den Tarifverhandlungen tatsächlich tun. Wenn aber die Sprache allzu scharf ist, werden natürlich auch Erwartungshorizonte geweckt, und man richtet sich selber Zäune auf, die man dann nicht mehr übersteigen kann. Wenn etwa Herr *Steinkühler* am 3. März 1990 auf dem Aktionsforum der IG Metall gesagt hat: „Das Volk der DDR hat nicht gestern mit der Diktatur der stalinistischen Bürokraten aufgeräumt, um sich morgen dem Diktat von kapitalistischen Beutegeiern auszuliefern": Das ist die Sprache von *Karl Marx*, ich sollte genauer sagen: eines Vulgärmarxisten.

Ich hoffe, daß die Entwicklung in der DDR dazu führen wird, daß sich das Verhältnis zwischen Arbeitnehmern und Arbeitgebern, genauer: zwischen Gewerkschaften und Arbeitgeberverbänden entkrampft. Dies ist auf lange Sicht für unsere Volkswirtschaft von zentraler Bedeutung.

Arbeit und Freizeit in der Industriegesellschaft

Diskussion

Lebensperspektiven in der Sozialen Marktwirtschaft
Aufteilung von Arbeit und Freizeit
Familienglück oder Karriere?
Freizeit: Sinnvoll nutzen oder vertun?
Probleme der Arbeitszeitverkürzung
Mehr arbeiten für die Wiedervereinigung?
Anmerkungen zur Tarifpolitik

Leitung: Fides Krause-Brewer
Teilnehmer: Christiane Atzpodien
Leo Baumanns
Hartmut Bebermeyer
Antonius John
Hans Katzer
Renate Köcher
Dieter Murmann
Joachim Starbatty
Burkhard Wellmann

Lebensperspektiven in der Sozialen Marktwirtschaft

(Antonius John) Im Titel dieser Veranstaltung ist von den „Perspektiven der Sozialen Marktwirtschaft" die Rede. Die Referate haben diese Perspektiven keineswegs aufgezeigt. Wir sollten über sie intensiv nachdenken und vor allem zwei Fragen beantworten:

☐ Ist für die Soziale Marktwirtschaft nur die reproduktive Freizeit interessant, die den Arbeitnehmer für den Beruf fit macht und geeignet ist, die Kosten des Sozialbereichs zu mindern? Das wäre eine moderne Anwendung der Philosophie der Kaiserlichen Verordnung unter *Bismarck*.

☐ Offenkundig ist auch der verhaltensbeliebige Teil der Freizeit für die Marktwirtschaft wichtig. Aber dokumentieren in diesem Bereich allein die Umsatzzahlen der Freizeitindustrie die Perspektiven der Sozialen Marktwirtschaft? Ich meine, das wäre zu wenig.

Wer aufmerksam zugehört hat, wird bemerkt haben, daß wir auch heute wieder bei einem Definitionsproblem gelandet sind. „Was ist Freizeit?" Ich selbst verwende den Begriff Freizeit höchst ungern. Mit ihm ist immer die Versuchung verbunden, die Ganzheit unseres Lebens aufzuspalten. Der Begriff Freizeit stellt eine Versuchung dar; er suggeriert dem Menschen, daß er in der Lage sei, aus dem ihm gesetzten Rahmen auszubrechen und ein ganz anderer zu sein.

Im allgemeinen wird Freizeit als Komplementärbegriff zur Arbeit angesehen. Ich glaube, daß man es sich zu einfach macht, wenn man die Arbeit als Phase der Fremdbestimmung und die Freizeit als Phase der Selbstbestimmung im Ablauf des menschlichen Daseins definiert. Es gibt Freizeitversionen, in denen die Intensität der Fremdbestimmung diejenige der Arbeit übertrifft.

(Dieter Murmann) Offensichtlich schwindet die Fremdbestimmung in der Arbeitswelt. Anders kann ich mir die Feststellungen von Frau *Köcher* zur zunehmend positiven Arbeitseinstellung und zur stetig wachsenden Freude an der Arbeit nicht erklären. Ich empfehle allerdings, auch die andere Seite der Medaille zu betrachten, die Entwicklung zur sogenannten Zweiklassen-Gesellschaft im Hinblick auf die Arbeitszeit. Ich frage mich oft, ob es eigentlich unvermeidlich ist, daß diejenigen, die im Beruf und ehrenamtlich in herausragender Verantwortung stehen, achtzig Wochenstunden und mehr arbeiten. Läßt sich keine andere Arbeitstei-

lung ermöglichen? Frau *Köcher* meinte, man könne beruflichen Einsatz und Engagement für die Familie fabelhaft unter einen Hut bringen. Ich finde das recht pauschal geurteilt und bin mir nicht sicher, ob alle Betroffenen diese Meinung teilen.

(Antonius John) Was die Dinge so schwierig macht, ist die Unvergleichbarkeit der konkreten Arbeitssituationen. Sie hängen zwar auch von der Arbeitssparte ab, sind jedoch letztlich gebunden an die innere Struktur des jeweiligen Individuums. Ich habe vor dem Krieg als Schüler auf einer Kohlenzeche im Ruhrgebiet gearbeitet. Zwar lag mein Arbeitsplatz übertage, aber ich bin oft auf 1100 Meter Tiefe vor Ort gewesen. Ich habe die Arbeit an der Kohle nur als Sklavenarbeit angesehen und die Menschen wegen der Quälerei im Streb bedauert. Deren Freizeit war nur reproduktive Freizeit, damit sie wieder „malochen" konnten. Ich sah nur wenig Freude, vor allem in den Brieftaubenvereinen und den Fußballclubs.

Vor einer solchen Arbeit, meinte ich, müsse doch jeder fliehen, sofern er nur die Gelegenheit dazu hat. Aber das Gegenteil war der Fall. Es gab Familienstreit, wenn der junge Mann aus dem Bergbau ausscheiden wollte. Ich kenne Fälle, in denen es zum Abbruch der Familienbindungen kam, weil der Herr Sohn – der inzwischen schon Jungsteiger war – nicht „in Bergbau studierte", sondern sich eine andere Fakultät wählte. Ich habe mich immer wieder gefragt, nach welcher Philosophie die Bergleute lebten. Da muß es doch etwas geben, was die Soziologen und Psychologen noch nicht erfaßt haben. Daraus ergibt sich, daß wir das Thema differenziert betrachten müssen.

Ein anderes Beispiel: Ich habe später in einem landwirtschaftlichen Betrieb gelernt. Da war etwa das herbstliche Pflügen mit drei Pferden auf schwerem Boden. Es war eine harte Arbeit, und am Abend glaubte man, jeden Knochen im Leib zu spüren. Und trotzdem, gerade beim Pflügen konnte man sich in seinen Gedanken eine wunderbare Welt eröffnen, konnte die Phantasie spielen lassen. Da gab es schöpferische Entfatung neben der körperlichen Arbeit. Das ist ein Zustand, bei dem Arbeit und Freizeit ineinander übergehen. Das Problem ist aufgelöst; es existiert nicht mehr. *Josef Pieper* hat das in seinem Traktat „Muße und Kult" trefflich beschrieben.

(Christiane Atzpodien) Die Referate haben in der Tat ein sehr idealisiertes Bild der Wirklichkeit vermittelt. Wenn Arbeit mehr und mehr Selbstverwirklichung, Kommunikation und Entspannung bringen und Freizeit

nur dem Lustgewinn dienen soll, dann befänden wir uns auf dem Weg ins Paradies, denn entweder arbeiten wir gerade oder wir haben Freizeit. Ich befürchte, daß durch solche Darstellungen nur das Anspruchsdenken Nahrung erhält.

Es ist wahrscheinlich nicht zu vermeiden, daß Arbeit auch mit einem gewissen Arbeitsleid verbunden ist. Selbst im günstigsten Fall, wenn man sein Hobby zum Beruf machen kann, wird es Aufgaben geben, die man lieber ausübt als andere. Auch bei der Aufteilung der Hausarbeit zwischen Männern und Frauen wird es wahrscheinlich immer Tätigkeiten geben, die Spaß machen, und andere, die weniger Freude bringen.

(Dieter Murmann) Ich stimme Ihnen zu. Auch ich habe den Eindruck, daß uns die Wirklichkeit allzuoft als ein Idealbild dargestellt wird.

(Antonius John) Aber solch pauschale Kritik führt auch nicht weiter. Die Thematik „Arbeit und Freizeit" ist differenziert. Wir können unbesorgt feststellen: Wir haben die Probleme nicht gelöst, sie werden uns immer wieder beschäftigen – und zwar in vielen Varianten.

Auch in den heute vorgetragenen Details zeigten sich Widersprüche. So haben wir gehört, daß von der Mehrheit der Bevölkerung die Arbeit durchaus nicht als individuumfeindliche Last angesehen wird, wenn die Vorgaben nicht allzu einengend sind. Das ist genauso erfreulich wie die andere Feststellung, daß ein besonders aktives Engagement im Beruf geradezu spiegelbildlich besondere Aktivität und Kreativität im Freizeitbereich derselben Person auslöst.

Aber es gibt eben auch andere Aussagen. Es gibt Umfragen – und das Gespräch im Alltag bestätigt sie immer wieder –, bei denen die Arbeit doch vornehmlich als Last ausgewiesen wird, die man nur deshalb akzeptiert, weil durch Arbeit Freizeit erst möglich wird. Fast die Hälfte der Bevölkerung unseres Landes hält die Freizeit für den wichtigsten Teil der Existenz. Auch eine Untersuchung der Gesellschaft zur Förderung der Freizeitwissenschaften bestätigt dies. Ich frage mich deshalb ernsthaft, ob das Last-Lust-Modell für die Wechselwirkung zwischen Arbeit und Freizeit tatsächlich überholt ist? Ich glaube, daß die Wissenschaft hier noch ein weites Betätigungsfeld hat.

(Joachim Starbatty) Arbeit ist bestimmt nicht immer nur Freude. Aber entscheidend ist doch, daß der einzelne Selbsterfüllung nicht nur in der Freizeit findet, sondern auch im Werk, das er getan hat. Man darf diese

Werkfreude nicht unterschätzen. Möglicherweise ist sie sogar eime Voraussetzung für wirklichen Freizeitgenuß.

(Dieter Murmann) Wenn wir inzwischen wieder positiv zu unserer eigenen Arbeit stehen und wenn gerade auch junge Menschen mit Freude an neue Aufgaben herangehen, so ist das nicht nur für die eigentliche Arbeitswelt und den Freizeitgenuß bedeutsam. Die positive Einstellung zur Arbeits- und Freizeitgestaltung ist eine wesentliche Schlüsselgröße auch für den Stimmungsumschwung in Europa. An die Stelle der sogenannten Eurosklerose ist eine Aufbruchstimmung getreten. Wir leben in einer Zeit, in der es viel zu gestalten gibt. Die Entwicklungen in der DDR und in den übrigen Ländern Mittel- und Osteuropas stellen eine große Herausforderung dar. Ich bin glücklich, daß diese Herausforderungen in einer Zeit wachsender Arbeitsfreude aufgetreten sind.

Aufteilung von Arbeit und Freizeit

(Fides Krause-Brewer) Zu fragen ist ganz generell: Wieviel Zeit für Arbeit? Wieviel Zeit für Freizeit? Was können wir uns leisten? Wo liegt der goldene Schnitt? Und weiter: Ist denn eigentlich der Produktivitätsfortschritt unbegrenzt? Kann man immer so weitermachen?

(Dieter Murmann) Der Produktivitätsfortschritt wird bei uns in der Bundesrepublik Deutschland sicher nicht von heute auf morgen in den Himmel wachsen. Aber bescheidene Prozente, die zu mehr Wohlstand für alle führen können, halte ich bei uns nach wie vor für möglich.

Gerade in der DDR ist das, was an Nachholbedarf allgemein anerkannt wird, riesig. Man geht nicht mehr davon aus, daß die Produktivität dort etwa fünfzig Prozent von dem beträgt, was wir gewohnt sind, sondern es wird eher eine Größenordnung von dreißig Prozent für realistisch gehalten. Auch hier zeigt sich: Wir haben viel zu tun.

(Joachim Starbatty) Der goldene Schnitt zwischen Arbeit und Freizeit ist ein harmonisches Teilungsmaß, das in einer Gesellschaft nicht existiert. Jeder empfindet Arbeit und Freizeit unterschiedlich. Infolgedessen kann es in einer Gesellschaft auch keinen goldenen Schnitt geben. Jeder muß für sich selber entscheiden. Für manchen ist Arbeit ein Hobby. Aber bei jemandem, der am Sonnabend die Zeitungen

austrägt, kann ich mir das nicht vorstellen. Wir werden dementsprechend immer stärker zu individuellen Lösungen übergehen und realisieren müssen, daß großflächige Entwürfe für eine sich ausdifferenzierende Gesellschaft nicht passen.

(Renate Köcher) Das heißt, daß man über Arbeit und Freizeit künftig anders diskutieren muß als bisher. Wir müssen die vorgeprägten Denkrichtungen verlassen und mehr über die Qualität von Arbeit und Freizeit, weniger über die quantitative Verteilung von Arbeits- und Freizeit reden.

(Hartmut Bebermeyer) Arbeit und Freizeit sind keine Gegensätze. Lange genug hat gegolten, daß Arbeit und Freizeit wesentliche, aber unvereinbar nebeneinander stehende Teile unseres Lebens sind.

(Antonius John) Ist das nicht auch wieder eine sehr idealisierte Ansicht? Läßt sie sich im Selbstverständnis der einzelnen nachweisen? Vor kurzem sah ich die Werbung eines Reiseunternehmens: „Dein Urlaub – die wertvollste Zeit des Jahres!" Mich hat dieser Slogan schockiert, weil in ihm die Negation der menschlichen Wirklichkeit zum Ausdruck kommt. Urlaub mag schön sein, ihn aber als wertvollste Zeit des Jahres zu bezeichnen, geht völlig an der Sache vorbei, weil die Arbeit in ihrer ethischen Bedeutung ignoriert wird. Aber wir müssen uns eben auch vor einer einseitigen Überhöhung der Arbeit im Sinne der calvinistischen innerweltlichen Askese hüten.

Wenn wir fragen, wo Arbeit und Freizeit im Bewußtsein der Bevölkerung verankert sind, sollte uns der Vortrag von Herrn *Starbatty* zu denken geben. Herr *Starbatty* hat sehr deutlich gemacht, daß Arbeit eine im wörtlichen Sinne radikale Voraussetzung für die Ökonomie ist, ohne die keine Freizeit erwirtschaftet werden kann.

(Leo Baumanns) Ich halte es für das wichtigste Ergebnis unserer Erörterungen, daß mit der angeblichen Gegensätzlichkeit von Arbeit und Freizeit gründlich aufgeräumt wurde und daß diese Dichotomie nun auf dem Müllhaufen der deutschen Mißverständnisse endgelagert werden kann. Damit ist eine neue Plattform entstanden – sowohl für die Inhalte der Arbeit wie für die Inhalte der Freizeit.

Familienglück oder Karriere?

(Renate Köcher) Familie und Beruf zu vereinen, ist in der Bundesrepublik schlechter möglich als in anderen Ländern. Bei den Regelungen und Einrichtungen, die die Vereinbarkeit von Familie und Beruf erleichtern, liegt die Bundesrepublik im internationalen Vergleich zurück. Ein wichtiger Punkt ist die Flexibilisierung der Arbeitszeit, die hier weniger entwickelt ist als in anderen Ländern. Auch die Möglichkeiten der Kinderbetreuung sind bisher unbefriedigend. Ein Grund für diesen Rückstand ist sicher, daß man in Deutschland dazu neigt, Probleme von einer grundsätzlich-weltanschaulichen Perspektive aus zu betrachten, statt pragmatisch nach Lösungen zu suchen, die verschiedene Interessen in einem Kompromiß zusammenführen.

Die Vorstellung, daß Frauen Familie und Beruf, insbesondere Mutterschaft und Beruf nicht vereinbaren können, prägt viele Stellungnahmen und Entscheidungen in der Bundesrepublik stärker als die Tatsache, daß Millionen Mütter beide Aufgaben bewältigen – freilich oft unter unnötigen oder zumindest reduzierbaren Belastungen und Opfern.

Ich gehe davon aus, daß in den nächsten Jahren wesentliche Fortschritte erzielt werden – weniger aus Einsicht, daß etwas verbessert werden muß und kann, als aus den zunehmenden Problemen der Unternehmen, ihre Arbeitsplätze zu besetzen. Viele Unternehmen haben Schwierigkeiten, Mitarbeiter zu finden. Dieser Mangel wird sich bei anhaltend guter Konjunktur verschärfen.

Man muß vor Augen haben, daß allein 1989 rund 400 000 Arbeitsplätze neu geschaffen und besetzt wurden und gleichzeitig die Zahl unbesetzter Stellen zunahm. Die Unternehmen überlegen zunehmend, wie sie Reserven für den Arbeitsmarkt mobilisieren können, und diese Not wird erfinderisch machen – in Richtung einer besseren Vereinbarkeit von Familie und Beruf.

Ein großes Problem ist in diesem Zusammenhang die Frage, inwieweit Lösungen, die in großen Unternehmen ohne weiteres praktiziert werden können, in mittelständischen Unternehmungen realisierbar und tragbar sind.

(Dieter Murmann) Die Frage nach der Vereinbarkeit von Familie und Beruf ist schwer zu beantworten. Die Erweiterung des Angebots an Teilzeitarbeitsplätzen durch Wirtschaft und Verwaltung ist nach meiner Auf-

fassung ein sehr wichtiges Stichwort. Auch in mittelständischen Betrieben ist diese Bereitschaft vorhanden. Und Teilzeitarbeit wird in der Bundesrepublik häufiger praktiziert, als wir zur Kenntnis nehmen, auch wenn wir gegenüber anderen Ländern in der Zahl der Teilzeitbeschäftigungen noch einen Nachholbedarf haben.

Wenn Sie mich als Unternehmer fragen, sage ich: Ich persönlich bin in dieser Frage gern großzügig. Ich frage nicht in erster Linie, ob zwei Teilzeitbeschäftigte etwas mehr gegenüber einem Vollzeitbeschäftigten kosten. Ich bin vielmehr der Auffassung, daß die Unternehmer diese gesellschaftspolitische Aufgabe wirklich ernstnehmen sollten.

(Hans Katzer) Das ist wirklich ausgesprochen nett von Ihnen. Ich frage mich nur, ob damit das Problem, um das es geht, wirklich gelöst wird.

Ich sage meiner Tochter – studiert, zwei Kinder: „Hör 'mal, wie stellst Du Dir denn das vor: Du kannst doch Deine Kinder nicht von anderen Leuten erziehen lassen, um Deinen beruflichen Wunschvorstellungen nachzugehen. Meine Kinder zu erziehen, wäre mir wichtiger, als woanders Brötchen zu verkaufen." Sie hat mir geantwortet, sie wolle keine Brötchen verkaufen, sondern geistig tätig sein. Sie wolle Erfüllung finden. Und da liegt das Problem.

Ich bin der Auffassung, daß wir vor allem von der einseitigen Ausrichtung auf Hochschule und Universität wegkommen müssen, gerade auch bei Frauen. Wenn man sich die Studentenzahlen ansieht, sieht man, daß der Anteil der Frauen an den Studenten immer weiter wächst. Das ist auf der einen Seite zwar erfreulich, auf der anderen Seite entsteht aber ein Problem, das schwer lösbare Fragen aufwirft.

Hier geht es nämlich darum, daß die Familie nicht mehr wie früher als eine Art Erwerbsgenossenschaft auftritt, die materiell über die Runden zu kommen trachtet. Das Materielle spielt keine entscheidende Rolle mehr. Die entscheidende Frage ist vielmehr, daß die Frau, auch wenn sie kleine Kinder hat, versucht, ihren Beruf auszuüben. Das ist in der Tat schwierig, nicht nur, wenn der Mann eine Vollzeit-Beschäftigung hat.

Für die Zukunft müssen wir davon wegkommen, daß jeder meint, er müsse unbedingt Professor werden, und ein Handwerksberuf wäre nichts für ihn. Das ist das Problem, vor dem wir stehen: Wir brauchen eine andere Bewertung von gesellschaftlichen Gruppierungen.

(Renate Köcher) Auch ich halte es für immens wichtig, daß die handwerklichen Tätigkeiten und Ausbildungsberufe aufgewertet werden. Das

ist für mich zunächst eine Frage der Darstellung dieser Berufe, beispielsweise der Beschreibung von Chancen bei der Gründung einer selbständigen Existenz im Handwerk. Darüber hinaus wäre zu prüfen, inwieweit praktische Fähigkeiten verstärkt in Schulen gefördert werden können. Die Schulbildung ist außerordentlich kopflastig.

Die Frage der Umbewertung von Berufen stellt sich meines Erachtens für Männer- wie für Frauenberufe. Es ist interessant zu sehen, wie wenig die Angleichung der Bildungschancen von Jungen und Mädchen dazu geführt hat, daß dieselben Berufswege gewählt werden. In hohem Maße favorisieren Frauen auch heute noch traditionelle Frauenberufe. Man kann natürlich der Auffassung sein, daß dies unerwünscht ist und wir alles versuchen müssen, Frauen zu motivieren, traditionelle Männerberufe auszuüben. Wenn man jedoch über Jahrzehnte hinweg die Interessengebiete von Männern und Frauen analysiert und in Kinderbefragungen immer wieder die Interessen von Jungen und Mädchen überprüft, zeigen sich teilweise auffallend konstante Verschiedenheiten. Diese Unterschiede lassen zweifeln, ob das Ziel einer Angleichung der Berufswahl von Männern und Frauen erreichbar und vor allem auch, ob eine solche Angleichung sinnvoll ist.

Kann Egalisierung das Ziel sein, wo ganz offensichtlich unterschiedliche Anlagen und Neigungen existieren? Ich halte einen anderen Weg für sinnvoller: Nicht Quotierung und Egalisierung sind nötig, sondern die Umbewertung der Berufe.

Frauenberufe werden im allgemeinen niedrig bewertet – materiell wie in der gesellschaftlichen Prestigeskala. Aber viele Berufe, die überwiegend von Frauen ausgeübt werden, werden für die Gesellschaft zunehmend wichtiger, zum Beispiel viele Dienstleistungs- und soziale Berufe. Diese Entwicklungen lassen hoffen, daß es zu einer Umbewertung von Berufen kommt und daß Frauenberufe zunehmend höher bewertet werden.

(*Hartmut Bebermeyer*) Ich kann nur unterstützen, was Herr *Katzer* gesagt hat. Wir müssen gesellschaftlich noch einiges nachholen. Der Weg der Emanzipation, den wir bisher gegangen sind, hat nicht gestimmt. Wir können den Mädchen nicht auf der einen Seite dieselben Ausbildungsmöglichkeiten geben wie den Jungen – alle hatten das einst begrüßt –, ihnen dann aber Barrieren hinsichtlich ihrer beruflichen Entfaltung aufbauen.

Arbeit und Freizeit in der Industriegesellschaft 63

Wir haben heute viele qualifizierte junge Frauen. Nun können wir beobachten, daß manche dieser jungen Frauen gescheiterte Partnerschaften haben. Warum? Weil die Männer es offenbar nicht verkraften, eine Frau zu haben, die gleich gut oder gleich tüchtig ist wie sie. Was bleibt dann auf der Strecke? Natürlich die Familie und vor allem die Kinder.

Die Familienpolitik, zu der sich die jetzige Koalition verpflichtet hat, erfordert bessere Antworten, als bisher gegeben wurden.

(Dieter Murmann) Maßnahmen, die Familie und Beruf zu vereinbaren helfen, sind unvermeidbar – nicht in erster Linie wegen des Arbeitskräftemangels, sondern wegen der Neigungen, die ich gerade bei jungen Damen erlebe, die fast alle in einen Beruf streben. Sie wollen auf jeden Fall ausgebildet werden, und sie wollen sich dann auch zu einem Teil im Beruf verwirklichen, nicht nur als Hausfrau und Mutter.

Ich glaube, daß man den beruflichen Einsatz mit den familiären Belastungen abstimmen muß. Ich kann mir nicht vorstellen, daß in einer Familie mit Kindern zwei Großkarrieren angesteuert werden können. Ein Elternteil muß den Weg der geringeren Ansprüche an seine Karriere gehen. Vielleicht ist der eine oder andere Mann bereit, die Familienarbeit zu leisten. Dann mag eine solche Aufgabenverteilung durchaus gelingen. Ich wünschte mir, daß wir insgesamt etwas weniger nach materiellem Wohlstand strebten und uns stattdessen stärker um die Förderung des Familienglücks bemühten.

(Joachim Starbatty) Man wird zu mehr Arbeitsteilung in privaten Haushalten kommen. Es ist nicht einzusehen, daß Hausarbeit schlechter bewertet wird als eine Arbeit am Fließband, an einer Bar oder wo auch immer. Ich glaube auch nicht, daß die Tüchtigkeit von Frauen Schwierigkeiten herbeiführen könnte. Ich kann mir nicht vorstellen, daß bei Männern Neidkomplexe erwachsen, weil ihre Frauen gut verdienen. Das Problem scheint mir vielmehr zu sein, wie die Aufgaben im Haushalt aufgeteilt werden. Die überkommene Arbeitsteilung im Haushalt führt zu Schwierigkeiten. Von seiner berufstätigen Frau kann der Mann nicht erwarten, daß sie den Hausputz macht und das Geschirr aufwäscht. Wenn beide Ehepartner berufstätig sind und sich abends noch der Kindererziehung widmen müssen, können sich große Belastungen ergeben. Kindererziehung ist eine anstrengende und nervenaufreibende Aufgabe, wenn man sie ernsthaft betreibt. Ich glaube, der Grund für das Scheitern von Ehen ist eher in dieser Richtung zu suchen.

(Dieter Murmann) Frau *Köcher* hat festgestellt, daß Zufriedenheit im Beruf einsetzt, wenn Begabung und Neigung sich im beruflichen Alltag treffen. Ich glaube, daß eine Wohlstandsgesellschaft wie die der Bundesrepublik Deutschland einige zusätzliche Spielräume haben müßte, um von der rein materiellen Orientierung an der Verdienstmöglichkeit abzurücken und Neigung und Begabung auch im Beruf in den Vordergrund zu stellen.

(Hans Katzer) Frau *Köcher* hat das wirkliche Problem angesprochen: die Bildungspolitik. Mit etwas Zureden, daß die einzelnen sich doch gefälligst weniger an Verdienstmöglichkeiten orientieren sollen, werden wir das Problem nicht lösen können.

(Dieter Murmann) Vom Unternehmen aus gesehen geht es bei bildungspolitischen Fragen zuvorderst um die Qualifizierung unserer Mitarbeiter. Hier gibt es nach meinem Eindruck auch keine unterschiedlichen Auffassungen zwischen Arbeitgebern und Arbeitnehmern. Qualifizierung ist eine lebenslange Aufgabe. Ich gehe noch einen Schritt weiter und sage: Die Selbstverantwortung des einzelnen macht es sinnvoll, daß zunächst gefragt wird, was kann jeder selbst tun, bevor gefragt wird: Was kann die Allgemeinheit, was kann der Betrieb an finanziellen Hilfen bereitstellen?

Das große Maß an freier Zeit sollte eigentlich ausreichen, daß unsere Arbeitnehmer freiwillig einen Teil dieser freien Zeit in Maßnahmen der Qualifizierung einbringen.

Im übrigen glaube ich, daß uns die Welt um unser fabelhaftes Qualifizierungssystem beneidet. Das fängt bei der dualen Ausbildung an. Wir haben in dieser Beziehung in der Bundesrepublik beträchtliche Standortvorteile.

Freizeit: Sinnvoll nutzen oder vertun?

(Fides Krause-Brewer) Wo sollte Freizeit und wie, wenn überhaupt, sollte sie organisiert werden? Eine andere Frage wäre, ob eine qualitative, das heißt eine sinnvolle Freizeitgestaltung nun auch in der DDR angestrebt werden muß und ob man dort die Fehler verhindern kann, die in der Bundesrepublik im Laufe der Jahre begangen wurden.

(Leo Baumanns) Mit der Frage, ob man in der DDR Fehlentwicklungen im Freizeitkonsum vermeiden könnte, unterstellen Sie, daß es solche Fehlentwicklungen in der Bundesrepublik gegeben hat. Nun ist „Fehlentwicklung" zunächst einmal ein subjektiver Begriff, und Freizeit ist ein Bereich, den wir auch wissenschaftlich noch längst nicht genügend erfaßt haben. Sagen wir: Ziel der Freizeit ist das größte Maß an Selbstbestimmung in der arbeitsfreien Zeit.

Für mich ist das Trennen zwischen „guter" und „schlechter" Freizeit beckmesserisch. Als „gute" Freizeitnutzung gilt, wenn einer in die Stadtbibliothek geht, ein lesefreundliches Gesicht macht und andere animiert, es ebenso zu tun. Beim Videokonsum gilt demgegenüber der Untergang der Kultur als ausgemacht. Von diesen Extrempositionen, die aus unserer Pädagogisierungs-Sucht kommen, sollten wir uns fernhalten.

Wir sollten auch Verständnis dafür haben, daß sich der Nachholbedarf in der DDR auch auf die angeblichen Fehler in unserer Freizeitgestaltung erstreckt.

(Renate Köcher) Sie fordern, man müsse von der Vorstellung wegkommen, das Lesen eines Buches sei eine „gute" Freizeitgestaltung? Ich möchte dem entschieden widersprechen. Ich glaube, daß eine Gesellschaft sich durchaus Gedanken über eine sinnvoll verbrachte Freizeit machen muß, da alle Lebensbereiche ineinandergreifen und das individuelle wie das gesellschaftliche Schicksal auch davon abhängen, wie sich die Freizeitkultur entwickelt.

Wenn man beispielsweise sieht, wie wenig Freizeit für soziales und politisches Engagement oder auch für die Entfaltung individueller Fähigkeiten genutzt wird, wie einseitig Unterhaltung und Konsum dominieren, wie unzufrieden gleichzeitig viele mit ihrer Art der Freizeitgestaltung sind, wie scheinbar unaufhaltsam die Langeweile zunimmt, dann wird die Qualität der Freizeitgestaltung zu einem zentralen Thema.

Es ist modern, die völlige Nichteinmischung in die individuelle Entscheidungsfreiheit zu propagieren – „chacun à son goût" als höchster Wert der Gesellschaft. Ich denke, man muß zwischen der Einmischung in Form von Diktat und Zwang einerseits und andererseits der engagierten Auseinandersetzung und Formulierung von Zielen und Wertvorstellungen einer Gesellschaft und den Förderungen bestimmter Freizeitangebote trennen. Es gibt sinnvolle und sinnlose Arten der Freizeitgestaltung – nicht nur beurteilt nach Wertmaßstäben, sondern auch nach der

Befriedigung, die der einzelne aus verschiedenen Arten der Freizeitgestaltung zieht.

Man weiß beispielsweise seit langem, daß Fernsehkonsum über ein bestimmtes Maß hinaus schädigt und deprimiert. Man drückt sich vor einer zentralen Frage, die über die Lebensqualität der Gesellschaft in wesentlichem Maße mitbestimmt, wenn über sinnvolle und sinnleere Freizeit nicht diskutiert wird.

Das ist auch die Frage, woran man Kinder heranführen sollte. Beispielsweise findet in den Familien kaum Leseerziehung statt. Gleichzeitig läßt sich feststellen, wie sehr es von der Leseerziehung im Elternhaus abhängt, ob Kinder und Jugendliche und später Erwachsene überhaupt Beziehungen zu Büchern bekommen.

Leseerziehung bedeutet keinen Zwang, nicht einmal der erhobene Zeigefinger ist nötig. Statt der Mahnung: „Geh doch in die Bibliothek!" geht es um Verführung. Man muß zeigen, daß etwas Spaß macht und Gewinn bringt.

Wenn man sieht, daß Eltern sich wesentlich mehr darum kümmern, was Kinder im Fernsehen sehen – der Medien- und insbesondere Fernsehkonsum wird von den Eltern viel aufmerksamer registriert und wird auch viel mehr in der Familie gemeinschaftlich praktiziert als das Lesen –, dann sind das Ungleichgewichte, die zumindest diskutiert werden sollten.

(Leo Baumanns) Mit Pädagogisierung auch in die Freizeit hinein erzeugen wir beim Menschen Belastungen, mit denen er nicht mehr fertig wird. Das heißt: Die Entlastung des Menschen – wie schaffe ich mir selbst Zeit, wie komme ich mit mir selbst klar – nimmt in dem Maße ab, in dem die Freizeit in die „Vollpädagogisierung" hineingenommen wird.

Ich glaube, daß es auch ein Recht zur „nicht sinnvoll genutzten Freizeit" geben muß. Wenn dies nicht der Fall ist, engen wir unser Leben ein. Bei diesem Thema bleiben wir offensichtlich in gegensätzlichen Positionen.

(Joachim Starbatty) Was Frau *Köcher* gesagt hat, ist gewiß sympathisch: Eine Gesellschaft sollte sich Gedanken über eine sinnvoll verbrachte Freizeit machen. Nur: Wer ist denn diese Gesellschaft?

Die Gesellschaft ist ein makroökonomisches Aggregat, vollkommen unspezifiziert. Sollen es Lehrer sein? Sollen es Politiker sein? Soll die Gesellschaft durch die Gewerkschaften vertreten werden? Wer soll sich Gedanken machen? Soll das ein Übervater tun, ein Pater familias?

Für mich ist alles, was Frau *Köcher* gesagt haben, einsehbar. Aber ich glaube nicht, daß wir zu einem anderen sagen können: „So sollst Du leben: mehr lesen und das Fernsehen ausschalten."

Ich persönlich finde es auch nicht schlimm, daß Leute lieber fernsehen, statt ein Buch zu lesen. Das ist ja nicht mein Problem. Wenn sich jemand vor seinen Fernseher setzt, ist das dessen Entscheidung.

Ich sehe auch nicht, welche gesellschaftlichen Schäden daraus resultieren, daß einige Leute mehr fernsehen als andere. Ich glaube nicht, daß man den eigenen elitären Standpunkt zum Maßstab machen kann. Jemand, der harte Arbeit getan hat, mag froh sein, wenn er sich vor dem Fernseher entspannen und ein Bier trinken kann. Ihm kann man doch nicht sagen: „Du hast aber eine falsche Lebensauffassung."

(Fides Krause-Brewer) Trotzdem, und auch wenn Sie mich jetzt schief ansehen: Herr *Katzer* hatte zu Recht gesagt, daß Ausbildung und Fortbildung auch in der Freizeit gefördert werden sollten.

(Antonius John) Wenn ich zuvor meinte, daß mit dem Begriff „Freizeit" die zur Debatte stehende Dimension menschlichen Daseins völlig unzulänglich definiert wird, und wir vielmehr das Schwergewicht auf die Auslotung der Möglichkeiten schöpferischer Entfaltung legen und damit den Bereich betreten sollten, den wir Kultur nennen (ohne die Berechtigung des „reinen" Freizeitkonsums infrage zu stellen), dann stoßen wir auf ein interessantes Phänomen: Freizeit ist auch die Zeit des „Unternehmerischen" im Individuum. Ich glaube, daß in jedem Menschen etwas von einem Unternehmer steckt – bei dem einen weniger, bei dem anderen mehr. Die Freizeit gibt die Chance, diese häufig verdeckte Anlage zur Wirkung zu bringen. Mag die Schwarzarbeit in vielen Fällen dem Impetus des „Kohlemachens" unter Umgehung der Fiskalität und der Gemeinschaft der Sozialversicherten entspringen, ich kenne zunehmend Fälle, für die dieses nicht gilt. Ich höre oft: „Ich will 'mal selbst 'was machen, in eigener Verantwortung und ganz nach meinen Ideen." Natürlich möchte ich kein Plädoyer für Schwarzarbeit halten, sondern für die vielen „unternehmerischen" Initiativen von Arbeitnehmern, die nicht selten eines Tages den Sprung in die Selbständigkeit wagen.

Übrigens: Auch in diesem Bereich zeigt sich, wie wichtig die wissenschaftliche Forschung auf diesem Gebiet noch ist, und daß es an Themen nicht mangelt.

Probleme der Arbeitszeitverkürzung

(Fides Krause-Brewer) Nach dem, was Frau *Köcher* gesagt hat, ist zu fragen: Ist es aus humanitären Gesichtspunkten eigentlich zu rechtfertigen, die Arbeitszeit zu kürzen? Sollten wir nicht schon aus humanitären Gründen eher wieder mehr arbeiten?

Aber gab es da nicht auch eine Divergenz zwischen den Aussagen von Frau *Köcher* und Herrn *Baumanns*, der in seinen Untersuchungen zum Ergebnis kam, daß die Bevölkerung Freizeit vielem anderen eindeutig vorzieht? Wie soll man sich da orientieren?

(Leo Baumanns) In der Deutung der Befragungsergebnisse des Allensbacher Instituts und der Deutschen Gesellschaft zur Förderung der Freizeitwissenschaften gibt es keinen Unterschied. Ich hatte nur darauf hingewiesen, daß man auf die Frage „Willst Du mehr Freizeit?" mehrheitlich eine Zustimmung erhält. Einfach deshalb, weil „Freizeit" eine positive Zustimmungsvokabel darstellt. Ein ähnliches Ergebnis wird man erhalten, wenn man nach „mehr Geld" oder „mehr Kindergärten" oder „mehr Bildungschancen" fragt.

Bei solchen Fragestellungen traut sich niemand, Bedenken zu erheben. Wenn man aber auf solch vordergründige Fragen verzichtet – wie zum Beispiel in der qualitativen Meinungsumfrage –, dann erhält man sehr differenzierte Angaben; und zum Stichwort „mehr Freizeit" überwiegen dann die skeptischen oder ablehnenden Stimmen.

(Renate Köcher) Man darf natürlich nicht einfach fragen: „Wollen Sie mehr Freizeit?". Die Präferenzen der Bevölkerung kristallisieren sich nur heraus, wenn verschiedene Interessen und Werte gegeneinander abgewogen werden.

(Leo Baumanns) Aber immerhin, Frau *Köcher*, wir haben Organisationen, die so „platt" fragen. Das Thema 35-Stunden-Woche ist von der IG Metall zum Beispiel zur Tribunal-Frage gemacht worden. Auch in der Umweltdiskussion haben wir solche demagogisch-plebiszitären Elemente.

(Renate Köcher) In qualifizierten Umfragen haben solche Fragestellungen keinen Platz. Ich weiß, daß teilweise trotzdem so gefragt wird. Das Bewußtsein für die Bedeutung der Frageformulierung für den Erkenntniswert demoskopischer Untersuchungen ist viel zu wenig entwickelt.

(Leo Baumanns) Aber selbst wenn dieses Bewußtsein ausreichend entwickelt wäre: Mit empirischen Erhebungen lassen sich die tatsächlichen Freizeitwünsche der Menschen nur schwer ermitteln. Mit liegen Ergebnisse aus Umfragen vor, nach denen rund achtzig Prozent der Menschen auf die Frage „Was tun Sie am liebsten in Ihrer Freizeit?" antworteten: „Sport und Bewegung". Über 15 Prozent behaupten, daß sie in ihrer Freizeit gern ins Theater gingen. Es liegt hier ein krasses Mißverhältnis zwischen den vorgegebenen und den tatsächlichen Freizeitaktivitäten vor. Wenn tatsächlich 15 Prozent der Menschen in ihrer Freizeit ins Theater gehen würden, brauchten die Theatersessel in den Kommunen nicht derart hoch subventioniert zu werden.

Ich will dies als Beispiel dafür nennen, daß wir in der Freizeitforschung noch ganz am Anfang stehen und uns langsam an die Wahrheit herantasten. Im Freizeitmarkt ist vieles in Bewegung: Neben Angeboten, die heftig nachgefragt werden, gibt es Ladenhüter, für die Phantomzahlen konstruiert werden.

(Fides Krause-Brewer) Schön, aber die These von Professor *Starbatty*, daß Arbeitszeitverkürzung keine Arbeitsplätze schafft, ist sicherlich recht brisant. Ich könnte mir vorstellen, daß man gerade jetzt versucht wäre, Arbeitszeitverkürzung in der DDR anzuwenden, um dort die zu erwartende größere Arbeitslosigkeit zu verhindern.

(Hartmut Bebermeyer) Wenn das geschähe, wäre es natürlich verhängnisvoll. Mit weniger Arbeit läßt sich gewiß nicht die Steigerung des Wohlstands herbeiführen, die alle wollen. Insofern ist der These von Herrn *Starbatty* zuzustimmen. Tarifliche Verkürzungen der Arbeitszeit sind nicht geeignet, Arbeitslosigkeit zu bekämpfen.

Aber mit dem Verdikt, das Herr *Starbatty* für alle Arbeitszeitverkürzungen ausgesprochen hat, bin ich nicht einverstanden. Das Problem muß differenzierter gesehen werden. Wir haben doch Arbeitszeitverkürzungen seit Beginn der Industrialisierung von sechzig Stunden auf jetzt 38,5 Stunden, ohne daß jemand zusammengebrochen ist. Vielmehr haben die Menschen von dieser Entwicklung profitiert.

(Joachim Starbatty) Ich habe weder gesagt: „Wir müssen alle länger arbeiten", noch habe ich behauptet, daß es gut wäre, wenn jeder achtzig Stunden arbeitet. Das ist nicht mein Punkt. Mir kommt es nur darauf an, festzustellen, daß eine zwangsweise Verordnung von weniger Arbeit

nicht zu mehr Beschäftigung führt. Ausschließlich das habe ich „durchdekliniert".

Daß wir die Arbeitszeit verkürzen können, wann immer wir das passend finden, daß wir Produktionsfortschritte in Form von Freizeit statt in der Form von Lohnerhöhungen ausschütten können, wann immer das gewünscht wird, das ist gar keine Frage.

(Hans Katzer) Arbeitszeitverkürzung und Lohnerhöhung müssen gleichrangig behandelt werden. Hätten die Gewerkschaften Arbeitszeitverkürzung und Barlohnerhöhung nicht zusammengebracht, dann wären die Barlohnangebote der Unternehmen natürlich sehr viel geringer. Das ist doch logisch.

(Hartmut Bebermeyer) Das gegenwärtige Problem ist doch – und darüber kann man sehr lange streiten –, ob man zum jetzigen Zeitpunkt eine weitere Arbeitszeitverkürzung für vertretbar hält. Auch ich bin der Meinung, daß es verkehrt wäre, jetzt die 35-Stunden-Woche mit aller Gewalt durchzusetzen. Aber im Jahre 2000 kann das anders aussehen.

Darüber hinaus muß beim Arbeitszeitproblem die Flexibilisierung stärker in Ansatz gebracht werden als bisher. Die globale, einheitliche, tariflich bestimmte Arbeitszeit für alle muß verschwinden. In dem Maße, in dem man davon wegkommt, werden sich viele Probleme sehr viel leichter zu lösen sein.

(Dieter Murmann) Bekanntlich blockieren die Gewerkschaften die Bemühungen um Flexibilisierung der Arbeitszeit in ganz unverständlicher Weise. Die IG Metall fragt vier Millionen Beschäftigte der Metall- und Elektroindustrie; eine Million antwortet. Zu 94 Prozent sagen diese Befragten, sie sind gegen regelmäßige Arbeit am Sonnabend. Aber kein Arbeitgeberverband fordert regelmäßige Samstagsarbeit. Nur 1,4 Prozent der Beschäftigten arbeiten heute überhaupt am Sonnabend. Es geht lediglich um die Frage: Soll man Samstagsarbeit, wie die IG Metall es fordert, verbieten und damit die Flexibilität verhindern, oder soll man sie als freiwillige Möglichkeit aufrechterhalten?

Dasselbe gilt für die Fragen der wöchentlichen und der täglichen Arbeitszeit. Die IG Metall will im Grunde die tägliche Arbeitszeit auf acht Stunden begrenzen. Sie besteht, was die Flexibilisierung der wöchentlichen Arbeitszeit angeht, stur auf ihrem Standpunkt: Nicht mehr als 37 Stunden! Auf keinen Fall vierzig Stunden, auch nicht auf freiwilliger Basis! Die Erwartungen der Mitarbeiter und die Haltungen der Gewerkschaften klaffen hier weit auseinander.

Wenn wir eine Konsequenz aus der Entwicklung in der DDR ziehen können, dann ist es die, daß die Menschen dort Vor- und Fremdbestimmung ein für allemal satt haben. Deshalb kann ich nur alle, die mit diesen Fragen befaßt sind, auffordern: Wir müssen auch bei den Medien erreichen, daß die Menschen nicht durch falsch dargestellte Ergebnisse von Umfragen praktisch irregeleitet werden.

Mehr arbeiten für die Wiedervereinigung?

(Fides Krause-Brewer) Ich bin in der letzten Zeit sehr viel in der DDR gewesen. Dort hat das Thema „Arbeit und Freizeit" jetzt eine spezifische Bedeutung: Die Bürger dort müssen lernen, daß man die marktwirtschaftlichen Segnungen eben nicht mit dem gemütlichen sozialistischen Arbeitstempo erreichen kann. Sprich also: Freie Zeit in der Arbeitszeit wird nicht mehr möglich sein.

Andererseits wird hier in der Bundesrepublik dafür plädiert, wieder mehr zu arbeiten. *Heribert Spaeth,* der Präsident des Zentralverbandes des Deutschen Handwerks, hat aufgerufen: „Zurück zur 40-Stunden-Woche!" Herr *Biedenkopf* hat vorgeschlagen, am 17. Juni zu arbeiten und den Erlös für Zwecke in der DDR zu nutzen.

Das alles wirft also die Frage auf: Wird es bei der Vereinigung hier mehr oder weniger Freizeit geben? Oder vielleicht noch pointierter: Ist die Vereinigung nur mit weniger Freizeit zu haben? Glauben Sie, Herr *Katzer,* daß wir in der Bundesrepublik mehr arbeiten müssen, um die Sanierungsaufgabe in der DDR zu leisten, oder nicht?

(Hans Katzer) Ich komme gerade aus der DDR. Ich finde, daß wir das Thema Wiedervereinigung zu materialistisch behandeln. Wenn über die DDR gesprochen wird, höre ich nur: Geld, Geld, Geld und nicht anderes als Geld. Dies wird dem, was am 9. November 1989 passiert ist, und den Leuten in keiner Weise gerecht. Die Menschen in der DDR haben zuallererst die Freiheit erkämpft. Das muß man sagen, wenn man die Rufe: „Wir sind das Volk" erlebt hat. Daß Wohlstandsdenken zunehmend hinzukommt, halte ich für natürlich. Aber ich wehre mich generell dagegen, daß wir die Sache der DDR fast ausschließlich unter finanziellen Gesichtspunkten sehen.

Ich bin der Meinung: Wir müssen alle beitragen. Es heißt oft: Die Wiedervereinigung ist nicht zum Null-Tarif zu haben. Und daraufhin wird dann in der Regel gefragt: Was heißt Null-Tarif? Wie hoch sind die Kosten? Ich sage noch einmal: Darauf kommt es nicht an. Wichtig ist vielmehr, daß jeder in unserem Lande bekennt: „Ich bin bereit, Opfer zu bringen, wenn das nötig ist. Denn die Menschen in der DDR sind unsere Landsleute. Sie haben vierzig Jahre lang, ohne daß sie dafür besondere Schuld hatten, in Not und bitterster Armut gelebt. Wenn es uns so ergangen wäre wie ihnen, hätten wir ja auch deren Hilfe erwartet, damit es uns besser gehen kann."

Das ist die Position, die wir, und zwar alle, als erstes herausstellen sollten.

(Joachim Starbatty) Sie sprechen vielen aus dem Herzen: Man darf die Entwicklung in der DDR nicht zu materialistisch sehen. Aber wenn man den Bürgern, die solchen Appellen applaudieren, dann sagt: „Ihr müßt für die Entwicklung in der DDR höhere Steuern zahlen, denn die Menschen in der DDR haben vierzig Jahre in Unfreiheit gelebt. Ihr seid dazu verpflichtet", dann besteht die Gefahr, daß die einzelnen nichts anderes tun, als schnell ihre Taschen zuzuhalten. Wir haben jemanden in der Bundesrepublik, der mit dem Sozialneid Wahlkampf betreibt. „Die Konservativen jagen", nennt er das.

Man muß also schon an die Belastbarkeit der Bürger denken und darf nicht zu Finanzierungsformen greifen, die unnötige Belastungen herbeiführen. Wir können die Wiedervereinigung prinzipiell aus dem Wohlstandszuwachs finanzieren. Aber wenn wir den Wohlstandszuwachs über Arbeitszeitverkürzungen begrenzen, wenn wir damit die Deckungsbeiträge je Arbeitsplatz reduzieren, dann wird die Bereitschaft, der DDR zu helfen, schwinden.

(Hartmut Bebermeyer) Ich habe viele Reisen in die DDR vor dem 9. November 1989 gemacht. Inzwischen waren wohl alle drüben. Doch der Eindruck, den man heute bekommt, ist ein etwas anderer als der, den man in den Jahren zuvor bekam.

Das Problem der DDR-Entwicklung ist kein Kapitalproblem, wie Herr *Starbatty* meint. An Kapital, das hinüberfließen kann, fehlt es nicht. Schließlich haben wir in den letzten Jahren eine wesentlich erfolgreichere Kapitalbildungspolitik gehabt, als das in den Zeiten früherer Regierungen der Fall war. Im Hinblick auf die Opferbereitschaft der einzelnen Bürger bin ich jedoch skeptisch.

Das Problem der DDR ist im wesentlichen ein Problem der zeitlich richtigen Abstimmung. Die Ungeduld der Menschen drüben ist verständlich, ja angesichts ihrer Situation sogar doppelt verständlich. Aber diese Ungeduld ist von der Bundesregierung und den Westparteien noch politisch gefördert und verstärkt worden. Die Probleme drüben werden sich hierdurch verschärfen, und den Menschen wird immer schwerer verständlich zu machen sein, daß jeder Weg zur Einheit, vor allem auch der Weg zum materiellen Anschluß, den sie so stark wollen, Zeit und Geduld erfordert. Wenn wir ihnen darin helfen können, dann geben wir ihnen mindestens eine ebenso große Hilfe wie mit unternehmerischem oder technischem Wissen oder mit dem Kapital, das man zur Verfügung stellt.

(Dieter Murmann) Die Herausforderungen in der DDR sind ein gutes Beispiel dafür, daß es auf der Welt nicht etwa zu wenig Arbeit gibt. Ob Sie Infrastrukturmaßnahmen nehmen oder sich die Häuser oder die Industriebetriebe in der DDR ansehen, es gibt einen gewaltigen Nachholbedarf an Arbeit. Deshalb hat Professor *Starbatty* zu Recht darauf hingewiesen, daß selbst die IG Metall, in der Person von Herrn *Steinkühler*, inzwischen das Thema der Arbeitszeitverkürzung bei uns zurückhaltender behandelt, als wir es noch vor wenigen Monaten gehört haben.

Anmerkungen zur Tarifpolitik

(Hans Katzer) Arbeitszeitverkürzung, Flexibilisierung etc. Es gibt gewiß viele Probleme im Bereich der Tarifpolitik. Meine Meinung ist aber: Vierzig Jahre Tarifautonomie haben sich alles in allem bewährt, und wir sollten da nicht unnötig hineinreden.

Mir paßt vieles an den Gewerkschaften nicht, und ich habe mehr Krach mit ihnen gehabt als mancher andere. Aber im wesentlichsten Punkt kamen wir schließlich zusammen. Ich als Christlich-Sozialer war immer gegen Klassenkampf. Klassenkampf war nicht mein Punkt, damit konnte und kann ich mich nicht abfinden. Meine Idee war, soziale Gerechtigkeit durch Partnerschaft zu schaffen.

Die Gewerkschaften sind als Klassenkampforganisation angetreten. Die Politik, die wir, der kleine Teil der Christlich-Sozialen, betrieben haben, hat dazu geführt, daß praktisch alle Gewerkschaften nach und nach auf die Linie der Partnerschaft eingeschwenkt sind und dem Klassenkampf abgeschworen haben. Freilich kann man die IG Metall nicht mit der IG Bergbau oder die IG Bau, Steine, Erden mit der IG Chemie, Papier, Keramik vergleichen. Das sind ganz verschiedene Gruppierungen, und zwar auf beiden Seiten, auch auf der Unternehmerseite.

(Joachim Starbatty) Das ist vollkommen klar. Keiner will von der Tarifautonomie abgehen. Sie ist in unserer unvollkommenen Wirklichkeit noch immer das verhältnismäßig beste. Auch Ihre Ausführungen zum Klassenkampf und zu den unterschiedlichen Auffassungen der Gewerkschaften leuchten mir ein. Wenn man jedoch die Papiere und Stellungnahmen durchliest, die die IG Metall veröffentlicht – und ich tue das jeden Monat, wenn diese Zeitschrift auf meinen Schreibtisch kommt –, dann läuft einem doch die Galle über. Man kann nicht ständig Hetztiraden drucken und hinterher zur Tagesordnung übergehen.

Es wäre schön, wenn die Gewerkschaften wirklich von Klassenkampfparolen ablassen und bekennen: „Das mag im vorigen Jahrhundert richtig gewesen sein, inzwischen stimmt es nicht mehr. Auf Dauer können wir international nur bestehen, wenn wir als Gewerkschaft und als Arbeitgeberverände sehen, daß wir die Interessen des deutschen Volkes gegenüber anderen zu verteidigen haben."

(Hans Katzer) Ich kann nur sagen: Ich habe 45 Jahre lang Tarifverhandlungen erlebt. Vor Tarifverhandlungen – und da äußern sich Arbeitgeber und Gewerkschaften genau gleich – heißt es: Die Wirtschaft, ja die ganze Welt bricht zusammen. Aber niemals ist dieser Zusammenbruch dann wirklich eingetreten. Im Gegenteil: Seit 45 Jahren geht es uns stetig immer besser. Das ist eine ganz erstaunliche Situation. Sie widerspricht all dem Pessimismus, der sich immer wieder so kräftig artikuliert.

(Joachim Starbatty) Daß Sie mir das Etikett anzukleben versuchen, ich würde die Welt wegen harter Tarifauseinandersetzungen, heute also wegen des Streits um Arbeitszeitverkürzungen, untergehen sehen – nein, dazu neige ich nicht. Ich bleibe aber dabei: Es gibt vernünftige und unvernünftige Abschlüsse, und Arbeitszeitverkürzungen mit dem Ziel, das Beschäftigungsniveau anzuheben, sind für mich unvernünftige Vorhaben.

(Hans Katzer) Unvernünftige Vorhaben? Ich war zweieinhalb Jahre Vizepräsident des Europäischen Parlaments. Als ich 1969 anfing, wurde ich sogleich mit der Frage bedrängt: „Wie habt ihr Deutschen das bloß gemacht, aus dem Nichts, trotz Zerstörungen, trotz Demontagen dieses

Wirtschaftswunder?" Ich habe wieder und wieder gesagt und sage Ihnen das heute: Das war nicht zuletzt deswegen möglich, weil wir alles in allem vernünftige Gewerkschaftler hatten. Zum aktuellen Zeitpunkt gilt immer alles als unvernünftig und verrückt und verkehrt; zehn Jahre später sieht alles ganz anders aus.

(Joachim Starbatty) Es handelt sich um unvernünftige Vorhaben. Sie sind heute unvernünftig, und sie werden es in zehn Jahren noch immer sein. Daß man solche Abschlüsse irgendwie – durch Mehreinsatz von Maschinen oder durch schnelleren Arbeitsrhythmus wieder „hinbiegen" kann, das ist mir klar. Aber dabei bleibt ein Teil der schlecht Ausgebildeten auf der Strecke. Außerdem wandert ein Teil unserer Produktion aus. Das darf man dabei nicht übersehen.

Mir kann niemand erzählen, daß zwei Millionen Arbeitslose in Ordnung wären. Man kann auch nicht sagen: Das sind gar keine Arbeitslosen, die tun nur so. Für mich ist ziemlich offensichtlich, daß die Tarifpolitik dazu beigetragen hat, daß diese Arbeitslosigkeit entsteht. Denken Sie doch nur an die Sockelbeträge, auf Grund derer gerade die Ungelernten ausgegrenzt wurden!

Es kommt jetzt darauf an, hier etwas zu tun. Aber das Gegenteil geschieht: Man achtet nur auf diejenigen, die in Arbeit und Brot stehen, und denkt nicht an diejenigen, die keine Arbeit haben. Den Arbeitslosen wird durch Globalkonzepte nicht geholfen.

(Renate Köcher) Auf dem Arbeitsmarkt sind in der Tat dramatische Entwicklungen eingetreten. Mittelständische Unternehmen berichten zur Zeit über einen erheblichen Arbeitskräftemangel. Wenn man über das Problem der zwei Millionen Arbeitslosen spricht, so muß man auf der anderen Seite auch über das Problem sprechen, daß diese zwei Millionen Arbeitslosen der Wirtschaft nur sehr begrenzt zur Verfügung stehen. Dafür gibt es verschiedene Ursachen, vor allem die mangelnde Mobilität, die unterschiedliche Vermittelbarkeit von Teilsegmenten der Arbeitslosen, die Qualifikation. Angebot und Nachfrage fallen auf dem Arbeitsmarkt weit auseinander, und die Möglichkeiten, sie zusammenzuführen, sind begrenzt.

Dazu kommt eine andere Bewertung von Arbeit. Durch das ausgebaute soziale Netz und gewandelte Einstellungen wird Arbeit heute immer weniger als Mittel der bloßen Existenzsicherung angesehen. Bei einer Befragung von Arbeitslosen und ihren Angehörigen wurde deutlich, daß vor allem eines unzumutbar schien: eine Arbeit anzunehmen, die nicht gefällt, die keinen Spaß macht.

Diese Entwicklungen tragen dazu bei, daß wir auf der einen Seite zwei Millionen Arbeitslose haben und auf der anderen Seite einen rasch ansteigenden Arbeitskräftemangel.

(Burkhard Wellmann) Es ist wichtig, die Motivation der Gewerkschaften zu begreifen, wenn diese „Norm-Arbeitsverhältnisse" für alle Arbeitnehmer durchpeitschen wollen.

Das alte gewerkschaftliche Organisations- und Funktionsprinzip beruhte auf sozialistischen Ideen, auf dem Klassenkampfdenken des 19. Jahrhunderts. Auf der einen Seite war das große Heer der Arbeiter, der werktätigen Bevölkerung, auf der anderen die individualistischen Ausbeuter.

Die gegenwärtige Lage, insbesondere nach der Wende im Ostblock – man vergleiche den jüngsten Aufsatz von *André Gorz* in den neuesten „Gewerkschaftlichen Monatsheften" –, zwingt Gewerkschaften und intellektuelle Linke zum Umdenken. Sie müssen sich neue Arbeitsgrundlagen schaffen. *André Gorz* führt das beispielsweise auf die These zu, daß Sozialismus heute verstanden werden müsse als die souveräne gesellschaftliche Beherrschung der angeblichen ökonomischen Zwänge. Die Arbeiter müßten die Fähigkeit erlernen, ihre Ansprüche zu erkennen und durchzusetzen, und das können sie nach gewerkschaftlichem Selbstverständnis nur, wenn Herr *Steinkühler* für sie spricht: „Wir wollen mehr Freizeit! Wir wollen mehr invidivuelle Entfaltung! Wir wollen einen Bildungsurlaub, der uns gestattet, in der Karibik segeln zu lernen!" – Warum soll Otto Müller aus dem Ruhrpott nicht quasi dienstlich in die Karibik fliegen?

Die Gewerkschaft steht damit vor dem Abschied vom alten Klassendenken und den Forderungen nach Umverteilung. Sie formiert sich zu einer Art Dienstleistungsunternehmen, individualisiert, weg vom Normalarbeitsverhältnis. Damit aber – und das ist ein Schreckensbild für die Gewerkschaften – würden die Gewerkschaften zu einem ungeordneten Haufen von „Unternehmensberatern": Wie kann der Arbeitnehmer sein Leben einrichten? Wie sollte er vernünftig seine Freizeit planen? Welchen Bildungsstrategien soll er folgen?

Man sollte in dieser Lage überlegen, inwieweit wir unserem Sozialpartner hier Hilfestellung geben können, zumindest durch Verständnis.

(Hans Katzer) Ich bin mit Ihrer Schlußfolgerung einverstanden. Der Wandlungsprozeß der Gewerkschaften hat inzwischen allerdings eine lange Geschichte. Die Gewerkschaften sind im vorigen Jahrhundert als sozialistische Organisationen angetreten und haben sich nach 1945 in Deutschland noch immer als klassenkämpferische Gruppierung verstanden. Aber in den letzten Jahrzehnten hat sich das gewerkschaftliche Selbstverständnis – in den einzelnen Gewerkschaften unterschiedlich – fortentwickelt. Zwischen der IG Bergbau und den Unternehmen hat es kaum große Auseinandersetzungen gegeben. Das Verhältnis war partnerschaftlich. Bei der IG Chemie war es ähnlich. Die IG Bau, Steine, Erden hat schon unter *Georg Leber* 1950 eine partnerschaftliche Haltung eingenommen.

Zu beachten ist insbesondere, daß der Meinungsbildungsprozeß innerhalb der Gewerkschaften recht schwierig ist. Wenn Unternehmerverbände Festlegungen treffen wollen, gehen sie ans Telefon, rufen zehn Leute an, und dann ist alles klar. Wenn aber eine Gewerkschaft von der Größe der IG Metall mit über zwei Millionen Mitgliedern eine Richtung bestimmen will, dann ist nicht nur der Ton ein anderer. Die Meinung jedes einzelnen Mitglieds muß registriert werden. Man kann sich nicht einfach auf Meinungsumfragen stützen. Man muß schon bei den Mitgliedern selbst anfragen und sie in den Entscheidungsprozeß einbeziehen. Das ist ein schwieriges Unterfangen.

Deshalb sage ich noch einmal: Ich bin ganz Ihrer Meinung. Wir sollten alle miteinander Hilfestellung leisten, denn dieser Umstellungsprozeß ist zum Schluß für uns alle lebensnotwendig. Man kann der IG Metall allerlei ankreiden. Man sollte es auch tun, wo wirkliche Fehler begangen werden. Aber man sollte immer bedenken: Wenn etwas kaputtgeht, sind alle die Leidtragenden. Darum sollten wir den Gewerkschaften die Hilfestellung geben, die sie brauchen, um bei ihren Mitgliedern durchzusetzen, was wir alle für vernünftig halten.

Es gibt Unternehmerverbände, die in Auseinandersetzungen nicht zimperlich sind, die damit Kampfmaßnahmen provozieren, anheizen und die Tarifpolitik in gefährliche Richtungen drängen. Weithin ist Tarifpartnerschaft noch keine wirkliche Partnerschaft. Partnerschaft ist mehr als nur der Zwang, sich auf Tarife zu einigen. Da muß über Miteigentum und Mitbestimmung gesprochen werden. Aber lassen wir das.

(Joachim Starbatty) Die Gewerkschaften hätten dem Klassenkampf längst abgeschworen? Glauben Sie das wirklich? *André Gorz* – souve-

räne Beherrschung der angeblichen ökonomischen Zwänge –: Was ist denn das anderes als klassischer *Marx.* Durch, nicht statt Klassenkampf soll die neue Gesellschaft entstehen: In einer befriedeten Gesellschaft, tut der einzelne, was ihm gefällt, morgens Jäger, dann Kritiker, zwischendurch Dichter und schließlich Theaterliebhaber. Oder *Engels,* im Nachklang an *Hegel:* Sozialismus ist der Sprung aus dem Reich der Notwendigkeit in das Reich der Freiheit.

Wir sehen das Scheitern des Sozialismus, aber wir sehen kein Abrücken von ideologischen Grundpositionen des Sozialismus, vielmehr sehen wir bei allen sozialistisch orientierten Gruppen die Absicht, durch politisches Wollen Sachzwänge einfach beiseite zu räumen. Auch *Gorbatschow* begann so. Er sagte: Ich will die Sowjetunion modernisieren, indem ich die Kader zwinge, das zu tun, was ich für vernünftig halte. Das ist ein falscher Ansatz. Denn nicht die Kader sind an der Misere schuld, sondern die Webfehler des sozialistischen Systems, an denen auch die Perestrojka in ihrer jetzigen Form nichts ändert.

(Dieter Murmann) Vielleicht sollten wir unterscheiden: Die Partnerschaft, die wir im betrieblichen Alltag täglich betreiben, ist keine Tarifpartnerschaft. Die Aufgaben der Tarifpartnerschaft werden wegdelegiert, und wir hoffen, daß wir damit einigermaßen passabel über die Runden kommen. Im Alltag leben wir jedoch mit Arbeitnehmern zusammen. Und aus dieser Art Partnerschaft folgt, daß die meisten Arbeitnehmer einen positiven Bezug zu ihrem Betrieb haben.

Diese Entwicklung steht im Gegensatz zu dem, was man in Amerika erlebt. Wichtig ist nicht nur ein positives Betriebsklima, sondern auch eine Bindung an den Betrieb. Diese muß nicht – wie in Japan – von der Wiege bis zur Bahre reichen; sie ist aber dennoch das Kennzeichen eines positiven Umgangs im Alltag, auch zwischen den Unternehmensleitungen und den gewählten Betriebsräten.

Auf der Arbeitsebene können die Sitzungen der Betriebsräte und Geschäftsleitungen viel dazu beitragen, dieses positive Klima tatsächlich zu verwirklichen. Man findet heute keinen patriarchalischen Unternehmer mehr, der aus eigener Willkür über schwierige technische Prozesse entscheidet. Ich bin deshalb überzeugt, daß CDU und CSU gut daran getan haben, im Zuge der Reform des Betriebsverfassungsgesetzes bei einer klaren Arbeitsteilung zu bleiben und die unternehmerischen Entscheidungen, auch die technischen Entscheidungen, in der Verantwortung der jeweiligen betrieblichen Leitung zu lassen. Was die Arbeitsfreude, was das Atmosphärische angeht, haben wir damit ein sehr positives Modell.

Ich wünsche mir, daß wir diese Art von Lebenswirklichkeit, diese wirkliche Partnerschaft, unseren Landsleuten in der DDR klarmachen können. Damit sollten wir erreichen, daß das alte, ständig gepredigte Vorurteil von der westlichen Ellenbogengesellschaft verschwindet.

(Joachim Starbatty) Partnerschaft bedeutet nicht dauernde Eintracht. Sie umfaßt auch Spannungen. Aus Spannungen können aber fruchtbare Lösungsansätze werden. Ein Kompromiß ist nichts Schlechtes, wenn er zwischen zwei Partnern ausgehandelt wird, die an der Sache orientiert sind. Jeder sieht die Welt nur unter einem bestimmten Blickwinkel. Zwei sehen mehr und kommen deshalb meist zu besseren Lösungen. Insofern ist also ein Kompromiß, der nach hartem Ringen erzielt wurde, besser als eine scheinbar glatte Lösung.

Wichtig ist nur, daß man die richtige ordnungspolitische Auflösung des Konflikts findet. Voraussetzung hierfür ist die Sicherheit, daß man es nicht mit jemandem zu tun hat, der einem Böses will, sondern mit jemandem, der – wie man selbst – etwas prinzipiell Positives erreichen will. Wenn dazu Hilfestellungen nützlich sein können, um so besser! Freilich bezweifle ich, ob die Gewerkschaften für derartige Hilfestellungen empfänglich sind.

(Dieter Murmann) Der Zweifel ist berechtigt, denn in der Frage der Tarifordnung sind wir ja nicht nur für Tarifautonomie, sondern auch für ausgewogene Strukturen zwischen dem Streikrecht als ultima ratio und den Möglichkeiten der Abwehraussperrung. Hier muß eine Art von Gleichgewichtigkeit und von Anerkennung auch des Gegners mit seinen Rechten in unser allgemeines Bewußtsein treten. Ich hoffe, daß dieses Bewußtsein von der gemeinwohlorientierten Kampfparität mehrheitsfähig bleibt.

(Fides Krause-Brewer) Wir sind jetzt in die Niederungen der Gewerkschafts- und der Arbeitsmarktpolitik geraten. Darüber können wir bis heute abend diskutieren. Aber das ist nicht unser Thema.

(Hans Katzer) Aber eine falsche Aussage wird man wohl noch korrigieren dürfen: Das Arbeitsförderungsgesetz wurde keineswegs, wie Herr *Starbatty* sagte, in der Hochkonjunktur gemacht. 1966, als wir unter *Ludwig Erhard* die Konzeption für das Arbeitsförderungsgesetz entwarfen, herrschte keine Hochkonjunktur.

(Joachim Starbatty) Aber Herr *Katzer,* das Gesetz wurde doch 1969 verabschiedet.

(Hans Katzer) Wir haben 1966 mit dem Entwurf zu diesem Gesetz begonnen. Solch ein Gesetz entsteht nicht von einem Tag zum anderen. Drei Jahre lang wurde es beraten. 1969 haben wir es dann verabschiedet.

Im Kern diskutieren wir darum: Nicht alles, was ich damals gewollt habe, ist Wirklichkeit geworden. Kritische Anmerkungen zur Arbeitsverwaltung und zu anderen Institutionen sind durchaus berechtigt. Aus dem Instrument, das wir ihnen gegeben haben, hätte man mehr entwickeln können. Auch Unternehmer und Gewerkschaften müssen in diese Kritik eingeschlossen werden.

Wir haben damals, 1966, gesagt: In einer völlig veränderten Landschaft, in einer völlig veränderten Welt müssen wir uns jetzt auf die neue Entwicklung einstellen. In meiner Jugend wurde man Lehrling, legte die Gehilfenprüfung ab und dann blieb man Gehilfe bis zu seinem Lebensende. Wenn man Glück hatte und wenn der Sohn oder der Neffe des Chefs nicht schon auf dieser Stelle saß, konnte man Abteilungsleiter werden. Seinen Arbeitgeber zu wechseln, das war geradezu unanständig. Heute ist das Wechseln des Arbeitgebers eigentlich ein Wesenselement des Arbeitslebens. In dieser Situation haben wir uns gesagt: Wir müssen uns auf einen lebenslangen Lernprozeß einstellen; Weiterbildung und dauernde Fortbildung sind nötig. Wir haben das unter dem Begriff Arbeitsförderung zusammengefaßt.

Natürlich würde ich es gern sehen, wenn die Freizeit stärker der Fortbildung gewidmet würde. Fortbildung, Weiterbildung, wenn es nicht anders geht: Umschulung, das sind für mich die Antworten auf die Herausforderung aus der heutigen Lage. Wir müssen uns das Arbeitsförderungsgesetz noch einmal genau ansehen. Es ist kein Schönwettergesetz. Es ist kein Gesetz für Zeiten der Hochkonjunktur, sondern, ganz im Gegenteil, ein Gesetz für Zeiten der nachlassenden Konjunktur. Hier ist ein Gesetzesinstrument geschaffen worden, das wir anwenden müssen. Dafür plädiere ich nun wirklich leidenschaftlich. Hier sind alle angesprochen: Unternehmer, Gewerkschaften, die Bundesanstalt für Arbeit, der Bund und die Bundesländer. Das Arbeitsförderungsgesetz wird auch unseren Landsleuten in der DDR helfen. Das habe ich mit vielen dort diskutiert. Sie waren überrascht über so ein Angebot.

(Joachim Starbatty) Was Herr *Katzer* zum Arbeitsförderungsgesetz gesagt hat, ist richtig. Es ist 1966 initiiert worden. Aber schon 1967 – in der ersten Beratungsphase – hatten wir einen starken Aufschwung. Das hat die Beratungen beflügelt. 1968 und 1969 hatten wir Arbeitslosenziffern, die bei 0,7 Prozent lagen. Das Arbeitsförderungs-, das Kündigungsschutzgesetz und die Änderung des Betriebsverfassungsgesetzes 1971 sind initiiert worden, um jene zu schützen, die in Arbeit und Brot sind. Diese Absicht läßt sich bei den Beratungen zu diesen Gesetzen genau nachvollziehen.

Die Philosophie des Arbeitsförderungsgesetzes mag gewesen sein: Wenn es Schwierigkeiten gibt, müssen wir rechtzeitig umschulen und Maßnahmen ergreifen, bevor die Leute arbeitslos sind. Aber jetzt, bei einer Arbeitslosigkeit von zwei Millionen, haben diese Gesetze eine ganz andere Qualität. Es gibt nicht umsonst ein Beschäftigungsförderungsgestz, das versucht, die Nachteile dieser Gesetze zu umgehen, indem man bei der Neueinstellung die sozialen Maßnahmen zunächst einmal nicht gewährt. Sozialgesetze wirken je nach Beschäftigungssituation unterschiedlich.

(Hans Katzer) Wir haben schon damals gesehen, daß in unserem Lande vielfach nur jener etwas gilt, der das Abitur abgelegt hat. Schon damals beklagte das Handwerk, daß ihm qualifizierte Arbeiter fehlen. Das war nicht nur ein Problem der Bezahlung. Als wir das Arbeitsförderungsgesetz verabschiedet haben, habe ich deshalb gesagt: „Nun tut doch bitte nicht so, als ob Abitur und Hochschule das letzte Lebensziel des Menschen wären. Ein vernünftiger Handwerksberuf hat genauso seine Daseinsberechtigung und genauso seine Bedeutung für den einzelnen."

Mehr konnten wir damals nicht tun. Auch mit den Gewerkschaften hatten wir über das Arbeitsförderungsgesetz eine große Auseinandersetzung. Die Kollegen kamen zu mir und sagten: „Verehrter, das können Sie nicht tun. Die Studierenden an den Universitäten bekommen BAföG und allerlei andere Vergünstigungen. Wir aber finanzieren die Fortbildung unserer Leute mit eigenen Beiträgen – zur Hälfte durch die Arbeitnehmer, zur Hälfte durch die Unternehmer. Das ist nicht in Ordnung. Das muß geändert werden. Hier muß ein staatlicher Zuschuß in angemessener Höhe gegeben werden – genauso, wie das für die Studenten an Universitäten und Hochschulen geschieht."

Das war in der Sache durchaus berechtigt. Nur hatten wir damals kein Geld. Das war der Punkt. Und so habe ich gesagt: „Also, liebe Leute,

Recht habt ihr. Aber da ist nichts zu machen. Ihr stellt mich vor die Frage: Soll ich ein vernünftiges Gesetz scheitern lassen, weil es in der Tat für manche nichts bringt und deshalb als ungerecht empfunden wird. Sollen wir die Vorteile dieses Gesetzes für alle und für alle Zukunft verbauen?" Das war der entscheidende Punkt.

(Joachim Starbatty) Und mit der Entscheidung, die daraufhin gefallen ist, wurde dann wieder einmal eine verhängnisvolle sozialpolitische Expansionstendenz eingeleitet, denn selbstverständlich wurde die anfängliche „soziale Ungerechtigkeit" alsbald beseitigt. Das besonders Schlimme freilich scheint mir, daß man diesen Irrweg noch heute zu rechtfertigen sucht.

Referenten und Diskussionsteilnehmer

Atzpodien	Christiane Diplom-Volkswirtin, Institut für Wirtschaftspolitik, Köln.
Baumanns	Prof. Dr. Leo Institut für Angewandte Sozialpsychologie, Düsseldorf; Vorsitzender des Wissenschafts- und Verwaltungsrates der Deutschen Gesellschaft zur Förderung der Freizeitwissenschaften (DGFF).
Bebermeyer	Dr. Hartmut, Ministerialdirigent a.D. im Bundesministerium für Wirtschaft.
Hohmann	Dr. Karl Ministerialdirektor a.D., Vorsitzender der Ludwig-Erhard-Stiftung e.V., Bonn.
John	Dr. rer.pol. Antonius, Wirtschaftsjournalist in Bonn seit 1948 (Handelsblatt, Rheinischer Merkur); Inhaber des Bonner Redaktionsbüros für Wirtschaft und Politik; Honorarprofessor für Politikwissenschaft und Zeitgeschichte.
Katzer	Hans Bundesminister a.D., Vorsitzender der Jakob-Kaiser-Stiftung e.V., Köln.
Köcher	Dr. Renate Geschäftsführerin des Institutes für Demoskopie Allensbach GmbH, Allensbach/Bodensee.
Krause-Brewer	Fides Journalistin, Bonn.
Murmann	Dr. Dieter Vorsitzender des Wirtschaftsrates der CDU e.V., Bonn.

Starbatty	*Prof. Dr. Joachim* Wirtschaftswissenschaftliches Seminar der Eberhard-Karls-Universität, Abteilung Volkswirtschaftslehre, insbesondere Wirtschaftspolitik, Tübingen.
Wellmann	*Dr. Burkhard,* Chefredakteur des Organs der Bundesvereinigung der Deutschen Arbeitgeberverbände „Der Arbeitgeber".

Personenregister

Atzpodien, Christiane 56 f.

Bastiat, Fréderik 48
Baumanns, Leo 4, 25 ff., 59, 65 f., 68 f.
Bebermeyer, Hartmut 59, 62 f., 69 f., 72
Biedenkopf, Kurt H. 71

Engels, Friedrich 78
Erhard, Ludwig 5, 44, 79

Gehlen, Arnold 35 f.
Gillies, Peter 18 f.
Gorbatschow, Michail 78
Gorz, André 76 f.

Hegel, Georg Wilhelm Friedrich 78
Hohmann, Karl 1 ff.

Janssen, Heinz 42
John, Antonius 55 ff., 59, 67

Katzer, Hans 61, 62, 64, 70 ff., 77, 79 ff.
Keynes, John Maynard 48
Köcher, Renate 7 ff., 55, 59 ff., 64, 65 ff., 75 f.

Krause-Brewer, Fides 58, 64, 67 ff., 71, 79

Lafontaine, Oskar 42 f.
Leber, Georg 77

Marx, Karl 48, 52, 78
Mertens, Dieter 44
Murmann, Dieter 55 ff., 60 f., 63 f., 70 f., 73, 78 f.

Nell-Breuning, Oswald 3 ff.
Noelle-Neumann, Elisabeth 11, 18 f.

Piel, Edgar 11
Pieper, Josef 4

Savonarola, Hieronymus 33
Smith, Adam 50
Spaeth, Heribert 71
Starbatty, Joachim 37 ff., 57 ff., 59, 63, 66 f., 69 f., 72, 73, 74 f., 77 ff.
Steinkühler, Franz 39, 52, 73, 76

Vershofen, Wilhelm 5

Wallraff, Hermann-Josef 52
Wellmann, Burkhard 76
Wicksell, Knut 48

Sachregister

Abschreibungen 49
Akademikerberufe 21 f., 61
Anspruchsdenken 57
Arbeit 3 f., 9 ff., 18, 55, 59
Arbeit/Freizeit 3, 9 f., 14, 23, 27 ff., 39, 57 f.
Arbeitgeberverbände 41, 50, 64, 77
Arbeitsbedingungen 9, 12, 56 ff., 71
Arbeitsbelastung 9 ff., 29, 50, 57
Arbeitsbeschaffung 18
Arbeitsförderungsgesetz 45, 79 ff.
Arbeitsfreude 10 ff., 15, 20, 27, 39, 51, 55, 75 ff.
Arbeitskämpfe 39, 79
Arbeitslosigkeit 18, 43, 75 f., 81
Arbeitsmarkt 18, 47, 75, 79
Arbeitsteilung 55
Arbeitszeit 5, 9, 27, 39 ff., 49, 55 f., 60, 68 ff., 72 ff.
Aussperrung 79
Autonomie 55, 64 f.

Ballungsräume 32
Begabung 12 ff., 21 f.
Berufliches Prestige 62 ff.
Berufsbildung 4 f., 19 ff., 61 ff.
Berufsorientierung 16 ff., 51, 57, 60 ff.
Beschäftigungsförderungsgesetz 81

Beschäftigungspolitik 18, 40, 69 f., 74 f.
Betriebsklima 9, 12, 51, 78
Betriebsverfassungsgesetz 45, 78, 81
Bibliotheken 65
Bildungspolitik 4 f., 19 ff., 61 ff.
Bochum 32

Christlich-Demokratische Union (CDU) 78
Christlich-Soziale Union (CSU) 78
Christlich-Demokratische Arbeitnehmerschaft (CDA) 73

DDR 31, 39, 49, 52, 58, 64 f., 69 ff., 79
Demoskopie 68
Deutsche Gesellschaft zur Förderung der Freizeitwissenschaften (DGFF) 4, 27, 30, 57, 68
Deutsches Institut für Wirtschaftsforschung (DIW) 47
Dienstleistungen 23, 31

Einkommen 46, 50
Emanzipation 62 f.
Entfremdung 34
Entscheidungsfreiheit 65
Erziehung 5, 60 ff.
Europäischer Binnenmarkt 31, 49

Europäisches Parlament 74
Eurosklerose 58
Existenzgründung 12, 62, 67

Facharbeiter 48
Familienorientierung 4, 10, 51, 55 ff., 60 ff.
Familienpolitik 63
Fernsehkonsum 66 f.
Flexibilisierung 60, 70, 73
Fortbildung 64, 67, 80
Frauen 10, 16 ff., 62
Freihandel 9, 40, 49
Freizeit 28
  Begriff 3 f., 55, 59, 67
  Belastungen 14, 33
  Erwirtschaftung 4, 57 ff.
Freizeit/Arbeit 3, 9 f., 14, 23, 27 ff., 39, 57 f.
Freizeitgesellschaft 10, 19
Freizeitgestaltung 4 f., 9, 14 ff., 19 f., 29, 33 f., 58, 65
Freizeitheime 30
Freizeitindustrie 29 ff., 55
Freizeitkritik 33
Freizeitmarkt 29 ff., 34 f., 55, 69
Freizeitnutzungsplanung 30 ff.
Fremdbestimmung 55
Führungsstil 9, 12, 51, 78

Gastarbeiter 44
Geldpolitik 42
Geldvermögen 43
Geldwertstabilität 42
Gerechtigkeit 72 f.
Gewerberecht 33
Gewerkschaften 34, 39 ff., 50 ff., 70, 73 ff., 77 ff.
Gewinn 43

Hallenbäder 30
Handwerk 22 f., 61 f., 71, 81
Hausarbeit 57, 63
Hochschulstudium 21 f., 61
Humankapital 40

Informationsflut 35
Infrastruktur 73
Institut für Arbeitsmarkt- und Berufsforschung (IAB) 47

Jugendheime 30

Kapitalbildung 49, 72 f.
Kapitalintensität 43, 49
Karriere 16 ff., 51, 57, 60 ff.
Kartell 47
Kaufkraft 43
Kindererziehung 60 ff.
Kirchen 34
Klassenkampf 51, 73 f., 76 f.
Kommunalpolitik 29 ff.
Kommunikation 18, 56
Konjunkturlage 45 f., 60, 79 f.
Kreativität 57
Kultur 31, 67
Kulturpessimismus 34 f.
Kündigungsschutzgesetz 81

Langeweile 14, 36
Lärmschutz 31
Lebensqualität 9, 20, 55 ff., 66
Lebensstandard 27
Lohnausgleich 42 ff.
Lohnpolitik 48, 70
Luftverschmutzung 31

Marktversagen 47
Marktwirtschaft 55 ff.

Materialismus 64, 71 f.
Meinungsumfragen 68
Mittelstand 60 f.
Mobilität 18
Motivation 9 f., 12, 51, 78
Mutterschaft 60

Opferbereitschaft 15, 72

Pädagogik 66
Partnerschaft 73, 76 ff.
Perestrojka 78
Pflichterfüllung 15
Politische Parteien 14, 78
Produktivität 27, 42, 46, 51, 58, 70

Qualifikationsstruktur 44 ff.
Qualifizierung 64, 67, 80

Rationalisierung 9
Raumordnung 31 ff.
Ruhepausen 56

Sachverständigenrat zur Begutachtung der gesamtwirtschaftlichen Entwicklung 46
Schulbildung 22
Schwarzarbeit 67
Selbständigkeit 12, 62, 67
Selbstbeschränkung der Freizeitindustrie 33
Selbstbestätigung 9, 18, 56 f., 61
Selbstbestimmung 55, 64 f.
Selbsthilfegruppen 29
Sowjetunion 78
Soziale Gerechtigkeit 72 f., 82
Soziale Marktwirtschaft 55 ff.
Sozialismus 76 f., 78

Sozialleistungen 12, 81 f.
Sozialpläne 45
Sozialversicherung 43, 67
Sparen 50
Sperrstunden 30
Sport 69
Staatshaushalt 43
Städtebau 31 ff.
Steuererhöhungen 49, 72
Streikrecht 39, 79
Streß 9, 50 f.

Tarifpolitik 39, 69, 73 f., 79
Technisches Wissen 45, 73
Teilzeitarbeit 60 f.
Theater 69

Umschulung 46, 80 f.
Umweltschutz 31
Unterkonsumtionstheorie 47 f.
Unternehmensgröße 45
Unternehmensgründung 12, 62, 67

Verantwortung 55, 64 f.
Vereine 14
Vergnügungssteuer 30
Verkehr 31
Verteilung Arbeit/Freizeit 3, 9 f., 14, 23, 27 ff., 39, 57 f.
Videokonsum 65
Vollbeschäftigung 41 f., 45 ff.

Weiterbildung 14, 80
Wettbewerb 9, 40, 49
Wiederaufbau 74
Wirtschaftswunder 75
Wohlstand 5, 27, 64
Wohnungsbau 31, 73

Gesellschaft zur Förderung der Freizeitwissenschaften mbH

Wernher-von-Braun-Str. 3
5300 Bonn 1
Tel.: (02 28) 21 60 79

Die Deutsche Gesellschaft zur Förderung der Freizeitwissenschaften mbH (DGFF) ist eine Einrichtung für interdisziplinäres Wissenschaftsmanagement im Freizeitsektor. Die Integration von Experten aus den Bereichen von Wissenschaft, Politik und Wirtschaft ermöglicht es der DGFF, auf aktuelle Forschungs- und Beratungsbedürfnisse von Verbänden, Kommunen und Unternehmen einzugehen. Die wissenschaftlichen Mitarbeiter der DGFF, ihr Wissenschafts- und Verwaltungsrat und externe Wissenschaftler bilden die personelle Basis für die Leistung.

Die DGFF hat sich zum Ziel gesetzt, individuelle Freizeitbedürfnisse und gesellschaftliche Freizeittendenzen zu untersuchen. Die DGFF will bedürfnisorientierte Freizeitmöglichkeiten entwickeln und fördern helfen. Sie versteht sich als Koordinatorin von Wissenschaft, Politik und Freizeitwirtschaft, deren Zusammenwirken wichtige Voraussetzung für ein bedürfnisorientiertes Freizeitleben ist.

Die DGFF konzipiert, koordiniert und berät anwendungsbezogene Freizeitforschung. Soziologie, Psychologie, Architektur und Städtebau, Freizeitgeographie, Medienwissenschaft, Pädagogik sowie Rechts- und Wirtschaftswissenschaften werden als Einzeldisziplinen in die Forschungsarbeit integriert. Einen zentralen Leistungsbereich sieht die DGFF im Wissenstransfer. Erkenntnisse der Freizeitforschung werden zielgruppengerecht in Fachkreise und in die breite Öffentlichkeit vermittelt. Dies geschieht in Form von Publikationen, Fachtagungen und Seminaren sowie in der problembezogenen Beratung von Verbänden, Kommunen und Unternehmen. Bei ihren Leistungsangeboten kooperiert die DGFF nach Möglichkeit mit anderen Fachinstitutionen und -organisationen aus dem Freizeitbereich.

www.ingramcontent.com/pod-product-compliance
Ingram Content Group UK Ltd.
Pitfield, Milton Keynes, MK11 3LW, UK
UKHW041450180426
11946UKWH00002B/26